MONET
Orfèvre de la lumière

MONET
Orfèvre de la lumière

Gérard Denizeau

LAROUSSE

Direction de la publication
Carine Girac-Marinier

Direction éditoriale
Christine Dauphant

Direction artistique
Cynthia Savage

Mise en page
Natacha Marmouget

Iconographie
Valérie Perrin et Marie-Annick Réveillon,
assistées de Claude Rouquie-Troisville

Fabrication
Martine Toudert

L'éditeur remercie Sarah Osrodka pour son aide précieuse

ISBN 978-2-03-587621-8

Sommaire

CLAUDE MONET

(1840-1926)

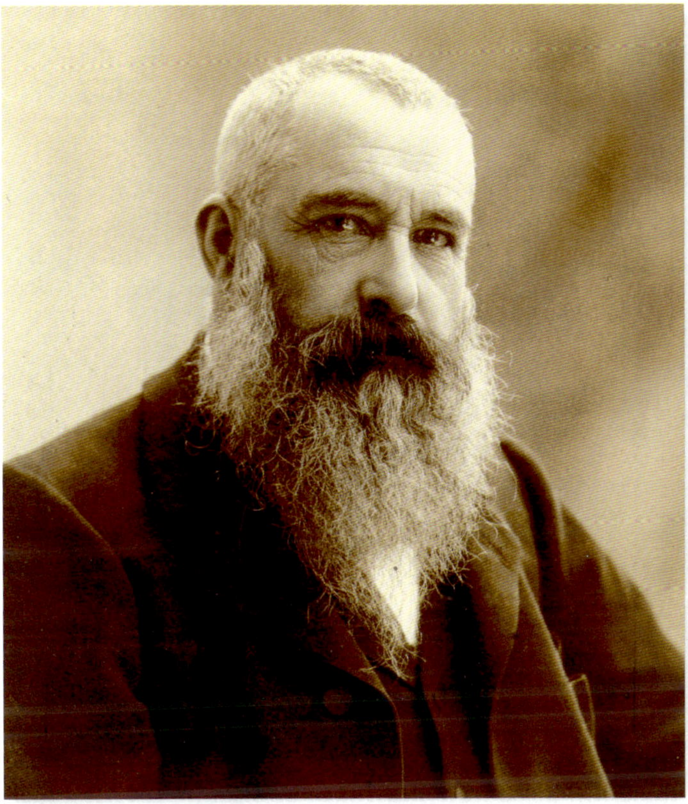

Claude Monet, photographie de Nadar, 1899.

Pas un artiste du XXe siècle n'a oublié de rendre hommage à Oscar Claude Monet, prophète, avec Paul Cézanne, de la modernité picturale. Jouissant d'une gloire et d'une faveur égales à celles de ses contemporains et égaux dans le génie, le musicien Claude Debussy et l'écrivain Marcel Proust, Monet reste avant tout le chef historique du plus important courant artistique de son temps, l'impressionnisme.

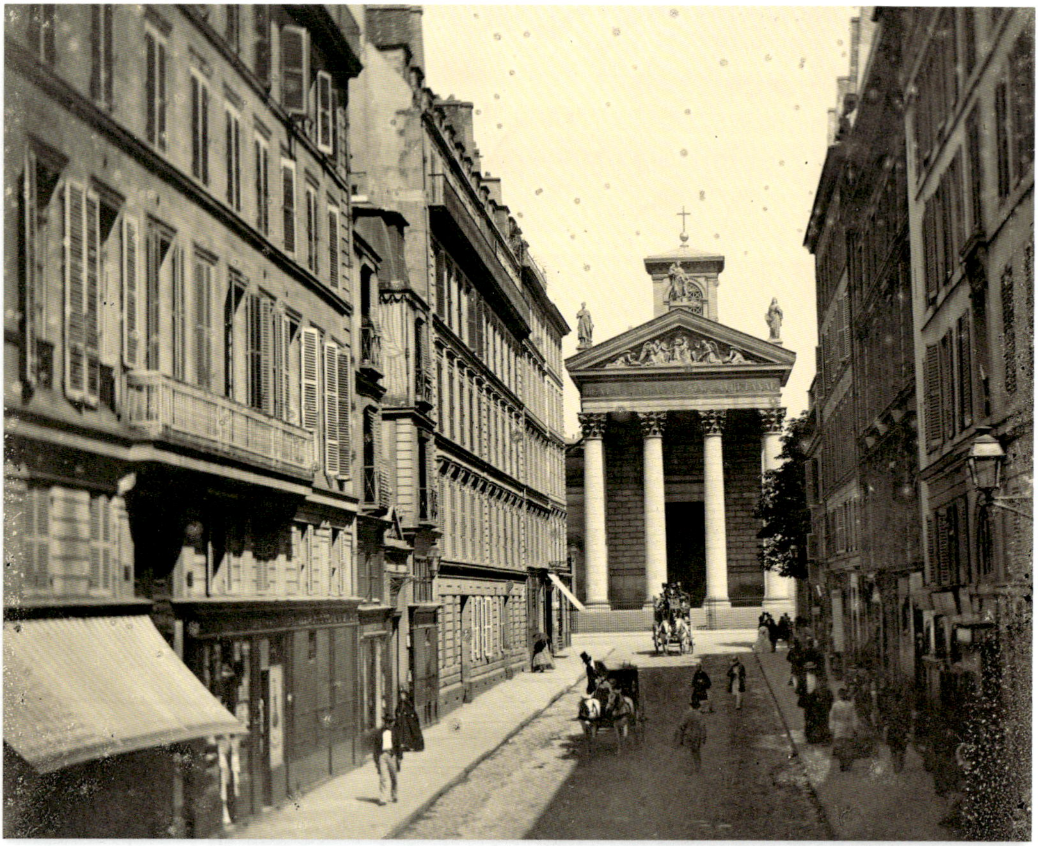

Église Notre-Dame de Lorette, Paris, vers 1865.

Oscar Claude Monet vient au monde le 14 novembre 1840, au n° 45 de la rue Laffitte, dans le IXe arrondissement de Paris. Ses parents, Adolphe Monet et Louise Justine, née Aubrée, voient ainsi s'agrandir le cercle de famille, quatre ans après la naissance d'un premier garçon, Léon. Baptisé en l'église Notre-Dame-de-Lorette, le petit Claude ne passera finalement que les cinq premières années de sa vie dans la capitale. Curieusement, il tiendra pourtant, tout au long de sa vie, à se détacher du caractère parisien de sa famille depuis plusieurs générations.

L'installation en Normandie

C'est donc en 1845 que la famille au grand complet, grands-parents paternels compris, quitte l'Île-de-France pour la Normandie, et Paris pour Le Havre. Les raisons profondes de ce déménagement surprenant n'ont jamais été totalement éclaircies. Sur place, une tante de Claude, Marie-Jeanne Lecadre, tient un commerce d'articles coloniaux aux côtés de son mari ; c'est chez elle que s'installent les nouveaux venus. Placé à l'école voisine, le jeune Claude s'y fait peu remarquer par son assiduité et par son application ; en revanche, tous les témoignages concordent pour attester la sympathie instinctive qu'il suscite auprès de ses condisciples. Lui-même se rappellera parfois, avec émotion, ces jeunes années scolaires au long desquelles, très vite, il commence à développer un goût immodéré pour le dessin. Déjà original, l'enfant se signale aux yeux de ses camarades et de ses enseignants par ses dons pour la caricature ; sa main est d'une sûreté absolue pour restituer les traits d'un visage et en dégager les principaux caractères. C'est une particularité qu'il est bon de garder en mémoire face, par exemple, à l'univers fusionnel et nébuleux, inconsistant et immatériel des grandes séries de la maturité, notamment celle des *Nymphéas*.

La première initiation

Ici se situe la première rencontre artistique de son enfance. Professeur de dessin au collège du Havre de 1829 à sa mort, Jacques François Ochard (1800-1870) a exposé à plusieurs reprises au Salon ; ancien disciple de David, auprès duquel il aurait pris quelques cours durant l'exil bruxellois de ce dernier,

Ochard transmet les premiers secrets du métier à ce jeune garçon si doué. Dans le même temps, il l'initie à l'histoire de l'art, lui-même parachevant sa carrière au poste de conservateur du musée de la ville, à partir de 1867. Si Claude ne pratique pas encore, au rebours de certains témoignages, la peinture en plein air, il relève déjà nombre de scènes portuaires, fasciné par une activité maritime dont il gardera le souvenir toute sa vie.

Une mère attentive, sensible et mondaine

Les années heureuses de l'enfance prennent fin en 1857. Claude, alors âgé de seize ans, perd sa mère, Louise Justine, emportée très jeune par un mal foudroyant. De cette femme sensible et cultivée, qui lisait les romantiques, peignait à l'aquarelle, chantait à ravir, écrivait des vers, jouait la comédie dans des cercles privés et aimait à recevoir, le peintre ne parlera quasiment jamais. Mais ses proches et ses amis relèveront souvent l'expression mélancolique de son visage à l'évocation de la disparue. C'est aussi l'occasion de dissiper la légende de la modestie sociale de la famille Monet ; parmi les invités de la maison du Havre, il y eut nombre de célébrités, d'aristocrates, d'écrivains et d'artistes, voire de ministres. Plus tard, en dépit d'une certaine sauvagerie, Claude se montrera beaucoup plus à l'aise avec les puissants de ce monde, à l'image de Clemenceau, qu'avec ses voisins de la campagne. Il fera même souvent preuve d'autorité naturelle dans les milieux artistiques, au point de devenir, sans l'avoir vraiment désiré, le chef de file désigné de l'impressionnisme. Il est vrai qu'en l'occurrence, il aura profité du retrait d'Edgar Manet, soucieux de ne pas froisser les cercles du pouvoir.

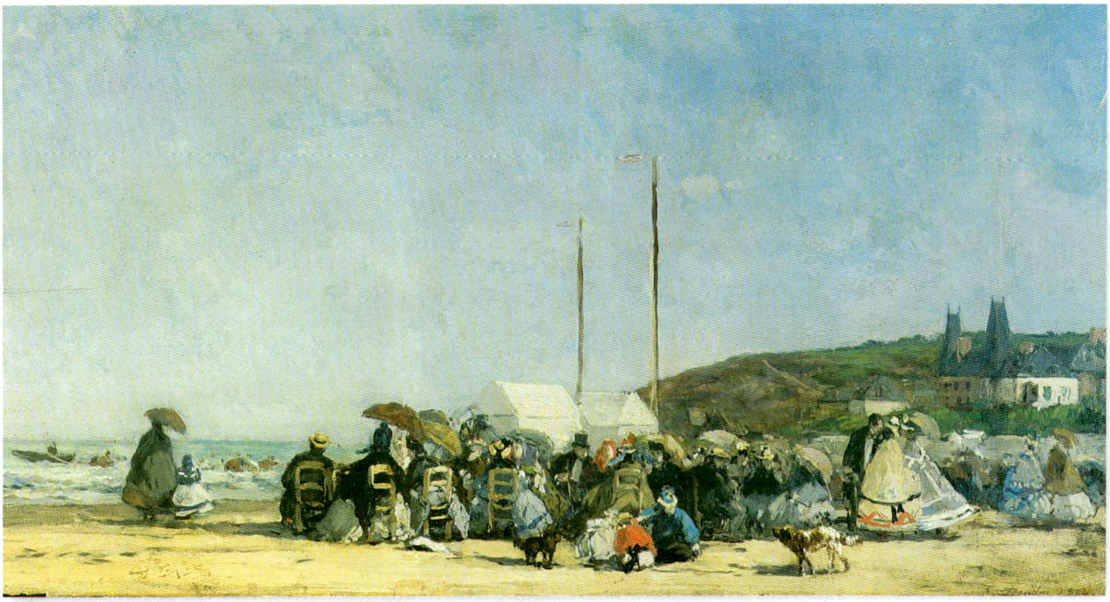

La Plage de Trouville, Eugène Boudin, 1864.

Le rôle décisif d'Eugène Boudin

La mort de sa mère a pour première conséquence l'interruption des études de l'adolescent. Vivant chez sa tante, il se consacre désormais exclusivement au dessin, multipliant les caricatures (qu'il signe alors « O. Monet ») avec un tel talent qu'un marchand de couleurs les expose et les vend sans aucune difficulté. Heureux hasard, ce marchand a pour ami un peintre local qui s'est déjà fait un nom dans le monde de l'art, Eugène Boudin. Surnommé très tôt *le roi des ciels* par Corot, célébré par Baudelaire et par Courbet, Eugène Louis Boudin (1824-1898) reste, par son extraordinaire sensibilité aux effets de lumière provoqués par le passage des nuages, aux jeux chromatiques agitant la surface de la mer comme celle des prairies côtières, l'indiscutable prophète de l'esthétique impressionniste. Peintre de la baie de Seine, il ne s'est consacré à l'art qu'à partir de 1846,

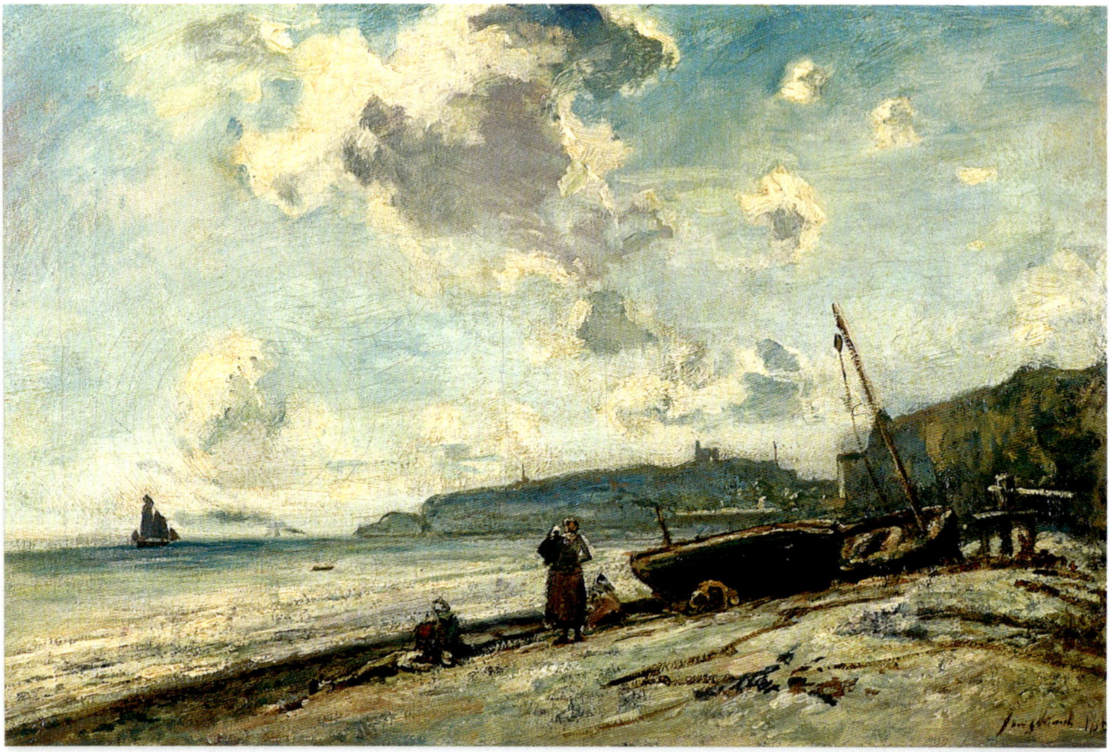

Sur la plage de Sainte-Adresse, Johan B. Jongkind, 1862.

éprouvant d'emblée la nécessité de peindre sur le motif paysages et marines tout en perfectionnant son métier par la copie des maîtres au Louvre. À partir de 1860, il se consacre à un genre dont il est l'inventeur, entre marine et peinture de genre : la scène mondaine sur les plages de Deauville et de Trouville. Frappé par les dons du jeune Monet, Boudin l'encourage à persévérer et lui conseille le départ pour Paris, seule scène artistique où pourra s'épanouir son génie naissant. En 1858, Monet participe à sa première exposition, celle de la municipalité du Havre ; il présente un paysage et s'engage dans la carrière artistique, effectuant l'année suivante un voyage parisien pour y provoquer les rencontres propres à favoriser cette carrière.

Les premières réticences envers la tradition

Mais, parvenu à l'âge de vingt ans, Monet doit songer à la corvée du service militaire, dont la durée est alors de sept ans. Servant en Algérie, il en revient cependant assez vite, frappé par une typhoïde qui a permis à sa tante de racheter sa place. Elle n'y a mis qu'une condition : l'inscription à un cursus qui lui donnera toute garantie pour l'exercice d'un métier artistique lucratif. Monet obtempère, s'inscrit à l'Académie Suisse, mais son enthousiasme est vite refroidi par l'académisme rétrograde qui règne alors dans les écoles d'art du Second Empire. Retourné à Sainte-Adresse, faubourg du Havre, et à Honfleur, il fait alors une seconde rencontre capitale, celle du peintre Johann Barthold Jongkind (1819-1891). « Il fut à partir de ce moment mon vrai maître » écrira plus tard Monet ; hommage d'autant plus remarquable que le jeune artiste est encore sous l'influence de Boudin. En possession d'une science insurpassable des effets de valeur et de lumière, virtuose de l'huile et de l'aquarelle, Jongkind pratique, à partir de 1860, une touche de plus en plus libre, toujours plus allusive, surtout dans ses paysages normands où la légèreté de la palette souligne les mouvances de la lumière.

L'introduction dans le monde parisien de l'art

En 1862, Monet entre dans l'atelier de Charles Gleyre (1806-1074), à l'École impériale des Beaux-Arts de Paris. Néoclassique au romantisme fortement teinté de symbolisme, Gleyre a collaboré avec Ingres ; sa dévotion à l'endroit du passé (« Jeune homme, dira-t-il à Monet, quand on exécute une figure, on doit toujours penser à l'antique ») finit par indisposer ses disciples plus turbulents, Monet bien sûr, mais aussi Frédéric Bazille, Pierre Auguste Renoir ou Alfred Sisley. Ces derniers n'hésitent pas, à l'occasion, à déserter l'atelier du maître pour aller peindre en pleine nature, dans la forêt de Fontainebleau comme sur la côte normande. La fermeture de l'atelier, en 1864, marquera le glas de ce compagnonnage. En ce qui concerne Monet, la découverte d'Edouard Manet en 1863 et le retour au Havre, en compagnie de Bazille, préludent à la réalisation du *Déjeuner sur l'herbe*, en 1866. Tout à la fois stimulé et découragé par Gustave Courbet, le jeune peintre renonce finalement à présenter cette œuvre de très grand format au Salon, préférant y expédier *Forêt de Fontainebleau* et *Camille Doncieux*, qui lui valent par ailleurs de nombreux éloges.

Les aléas d'un début de carrière inégal

Avec *Femmes au jardin*, Monet s'essaie à la peinture en plein air sur un grand format. À défaut d'avoir été agréée au Salon de 1867 l'œuvre sera acquise par Frédéric Bazille, l'un des protagonistes du *Déjeuner sur l'herbe* de 1866, hommage de Claude à Manet. Partageant son atelier avec Bazille, Monet fait souvent appel à la générosité de son ami, sa propre famille hésitant à l'entretenir tant qu'il refusera la férule d'un enseignement académique. La même année, Monet, revenu chez sa tante au Havre, peint *Terrasse à Sainte-Adresse* ; c'est aussi en Normandie, mais au cœur de la campagne hivernale, que l'artiste exécute l'un de ses plus beaux tableaux, *La Pie*. Il vit alors retiré, avec sa compagne, Camille Doncieux, modèle qui a posé pour *Femmes au jardin*, et leur premier fils, Jean Armand Claude, né le 8 août 1867. Couvert de dettes, le peintre exécute des marines qui, faute d'amateurs, sont régulièrement saisies par ses créanciers. Cependant,

Navires sortant des jetées du Havre est accepté au Salon de 1868 grâce à l'intervention de Charles François Daubigny. Par ailleurs, cinq toiles du peintre figurent aux cimaises de l'Exposition internationale de la Marine, contribution récompensée par une médaille d'argent.

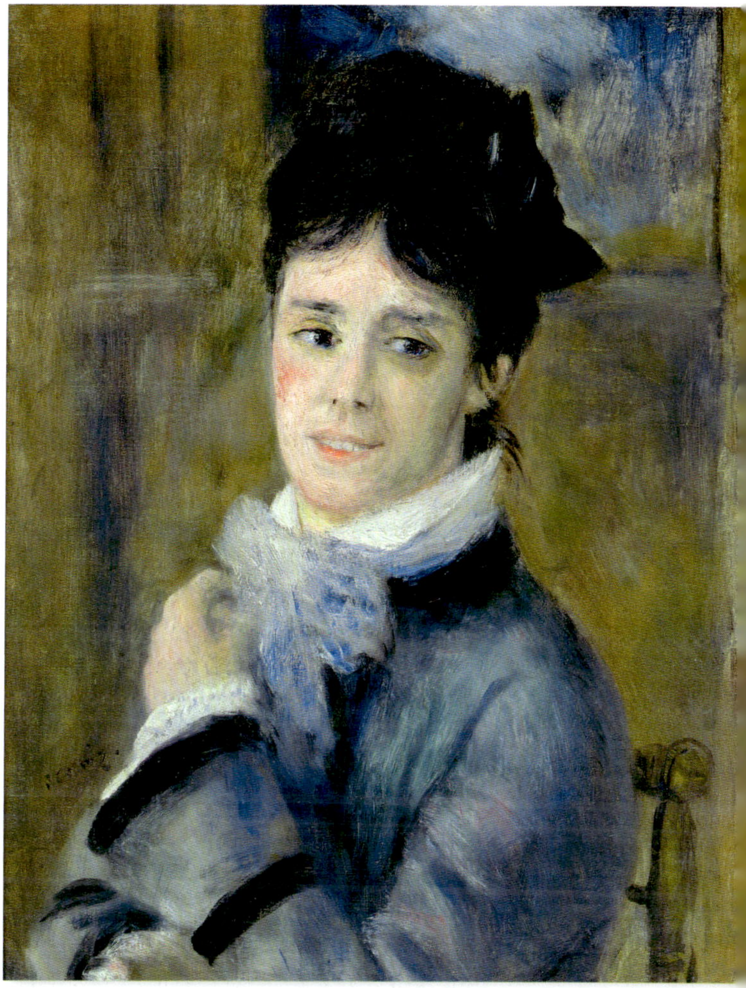

Portrait de Madame Claude Monet, Renoir, 1872.

Les tumultes de l'histoire

L'année 1869 est décisive dans la destinée de Claude Monet. Avec son ami Renoir, il peint plusieurs versions du restaurant et du *Bain de La Grenouillère*, établissement situé à proximité de Bougival, bourgade de l'ouest parisien dans laquelle il a loué une maison. Dans ce cadre gai et festif, l'artiste use de la touche fragmentée en couleurs pures juxtaposées et non plus mélangées. L'année suivante, ayant choisi Gustave Courbet pour témoin, il épouse Camille Doncieux. Mais déjà les nuages s'amoncellent sur

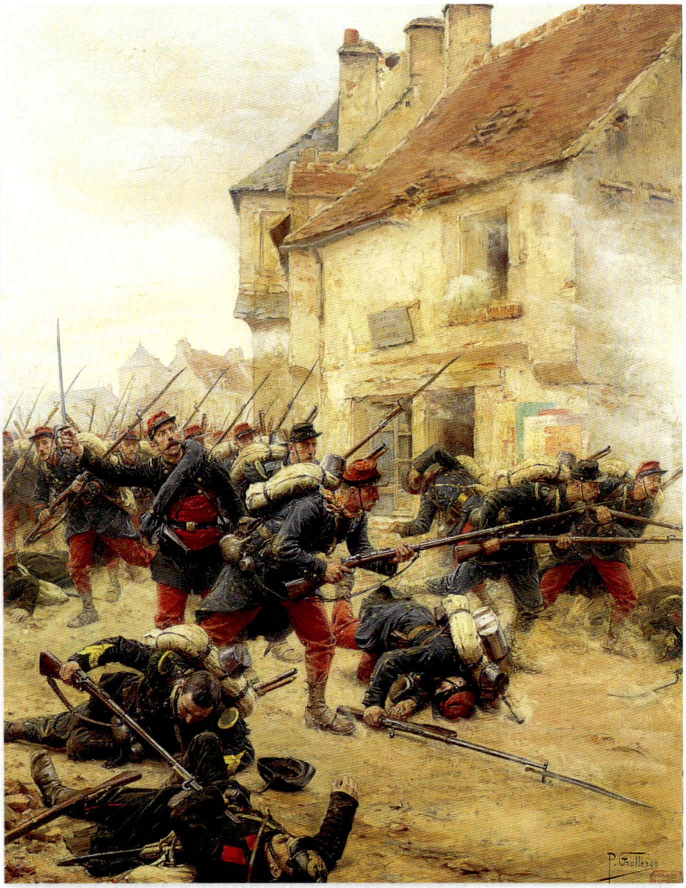

Scènes de la guerre franco-prussienne, P. Grolleron, 1870.

un pays de plus en plus menacé par la puissance montante de la Prusse. La guerre est déclarée le 19 juillet 1870 ; Monet se réfugie dans un premier temps sur la côte normande, peignant notamment *Hôtel des Roches Noires, Trouville*, puis il gagne l'Angleterre. À Londres, il retrouve Camille Pissarro en compagnie de Charles François Daubigny, et fait la connaissance de Paul Durand-Ruel, marchand qui accompagnera avec un immense succès commercial l'épopée impressionniste ; la même année, Monet apprend la mort de son père, événement qui ne semble l'affecter que médiocrement. Le conflit terminé, les troubles de la Commune éteints, l'artiste revient en France et s'installe, durant l'hiver 1871-1872, dans la cité d'Argenteuil, proche de la nature, se liant à cette occasion avec le peintre Gustave Caillebotte. Si la guerre l'a donc épargné, il n'en va pas de même pour son ami Frédéric Bazille, qui lui avait acheté *Femmes au jardin*. Engagé volontaire dans les zouaves en août 1870, le généreux Bazille a perdu la vie au cours des combats de Beaune-la-Rolande, le 28 novembre suivant. Dans les cinq années suivantes, Claude Monet connaîtra une prodigieuse métamorphose qui le fera passer du statut d'aspirant doué à celui de géant du XIXe siècle. *La Liseuse*, dont le modèle est peut-être Camille, marque le début de cette extraordinaire aventure de la peinture en plein air, à la recherche d'une lumière éthérée. Suivront des réussites aussi achevées que *Coquelicots* (1873), *Le Déjeuner* ou *Le Pont du chemin de fer à Argenteuil* (1874).

Prémices d'une gloire sulfureuse

En 1874, le photographe Nadar, personnage aussi sympathique qu'extravagant, organise à grand bruit une exposition de tableaux dus aux jeunes membres d'une société anonyme d'artistes peintres, sculpteurs et graveurs, fondée le 27 décembre 1873. Édouard Manet en a refusé la direction, laissant le soin à son cadet et presque homonyme, Claude Monet, de se dresser contre les autorités officielles du Salon. En 1872, au hasard d'un séjour dans la ville du Havre, ce dernier avait esquissé, en quelques heures, une toile de modestes dimensions, intitulée dans un premier temps *Marine* et à laquelle il semble avoir accordé, dans un premier temps, une médiocre importance. Présentée deux ans plus tard au public, lors de cette exposition, sous le titre, *Impression, soleil levant*, elle déchaîne l'hilarité de la critique, le compte-rendu le plus célèbre restant celui de Louis Leroy, journaliste du *Charivari*, dans son reportage du 28 avril, intitulé « L'exposition des impressionnistes » :

Oh ! ce fut une rude journée, que celle où je me risquai à la première exposition du boulevard des Capucines en compagnie de M. Joseph Vincent, paysagiste, élève de Bertin, médaillé et décoré sous plusieurs gouvernements ! L'imprudent était venu là sans penser à mal ; il croyait voit de la peinture comme on en voit partout, bonne et mauvaise, plutôt mauvaise que bonne, mais pas attentatoire aux bonnes mœurs artistiques, au culte de la forme et au respect des maîtres. [...] Une catastrophe me parut imminente, et il était réservé à M. Monet de lui donner le dernier coup.- Ah ! le voilà, le voilà ! s'écria-t-il devant le n° 98. Je le reconnais le favori de papa Vincent ! Que représente cette toile ? Voyez au livret. - Impression, Soleil levant. Impression, j'en étais sûr. Je me disais aussi, puisque je suis impressionné, il doit y avoir de l'impression là-dedans... et quelle liberté, quelle aisance dans la facture ! le papier peint à l'état embryonnaire est encore plus fait que cette marine-là !

L'impressionnisme est né ! Le terme gagne, en quelques années, une fortune inimaginable, s'appliquant à tous les champs de la création, de la peinture à la musique, de la poésie à la philosophie. Claude Monet en est donc d'emblée la principale figure et il contribuera de façon décisive au succès des expositions suivantes, en 1876, 1877 et 1879, avec des toiles aussi marquantes que *Les Barques, régates à Argenteuil* (1874), *Les Déchargeurs de charbon, La Promenade, la Femme à l'ombrelle, Effet de neige, soleil couchant* (1875), la série consacrée à la *Gare Saint-Lazare* (1877)... En 1874, Monet rencontre Ernest et Alice Hoschedé, riches industriels qui lui passent commande d'une vaste décoration pour leur manoir (*Les Dindons*). Mais la faillite de l'entreprise familiale provoque une ruine inattendue et les Hoschedé en sont bientôt réduits à s'installer dans la même maison que les Monet.

La mort de Camille

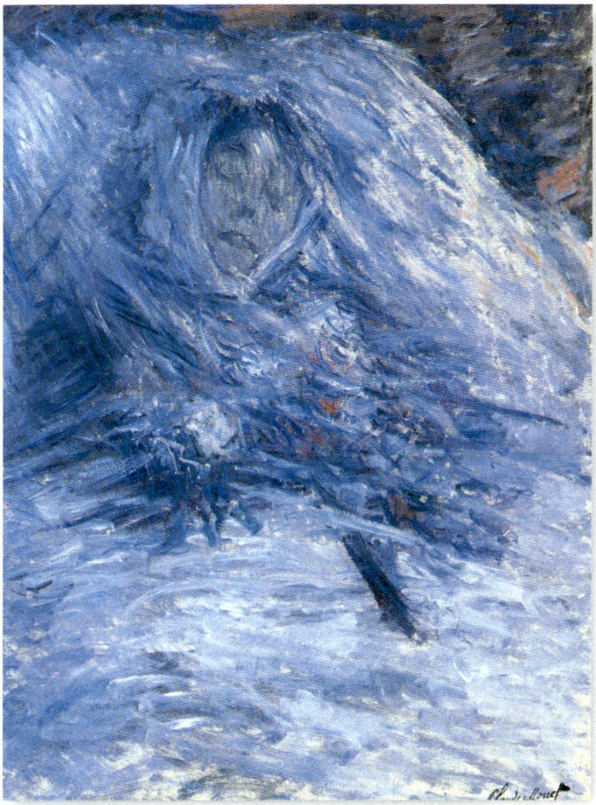
Camille Monet sur son lit de mort, 1879.

Dès 1878, en dépit de sa réputation grandissante, le peintre semble opérer une retraite stratégique en s'installant à Vétheuil, aux confins de l'Île-de-France, dans la contrée du Vexin qui allie tous les charmes de la campagne à la proximité de la capitale. C'en est fini de sa participation aux expositions impressionnistes. Sans rompre avec le milieu artistique, c'est en solitaire qu'il mènera désormais la grande aventure picturale dont il rêve depuis l'enfance, alternant les vues campagnardes (*Effet de neige à Vétheuil*, 1878) et citadines (*La Rue Montorgueil*, id.). Mais la grande paix trouvée à Vétheuil est bientôt brisée par un nouveau malheur ; le 5 septembre 1879, Camille s'éteint à l'âge de 32 ans, probablement victime d'un cancer de l'utérus. Elle avait accompagné les débuts de Claude, était restée son modèle de prédilection, tout en posant également pour Manet ou pour Renoir. Avec la petite toile *Camille Monet sur son lit de mort*, l'artiste rend un ultime et poignant hommage à cette compagne discrète, née à Lyon le 15 janvier 1847, sa maîtresse depuis 1867, son épouse depuis 1870, la mère de ses deux enfants, Jean et Michel. Il semble d'ailleurs que ce soit la naissance de ce dernier, le 17 mars 1878, qui ait hâté la fin de la malheureuse.

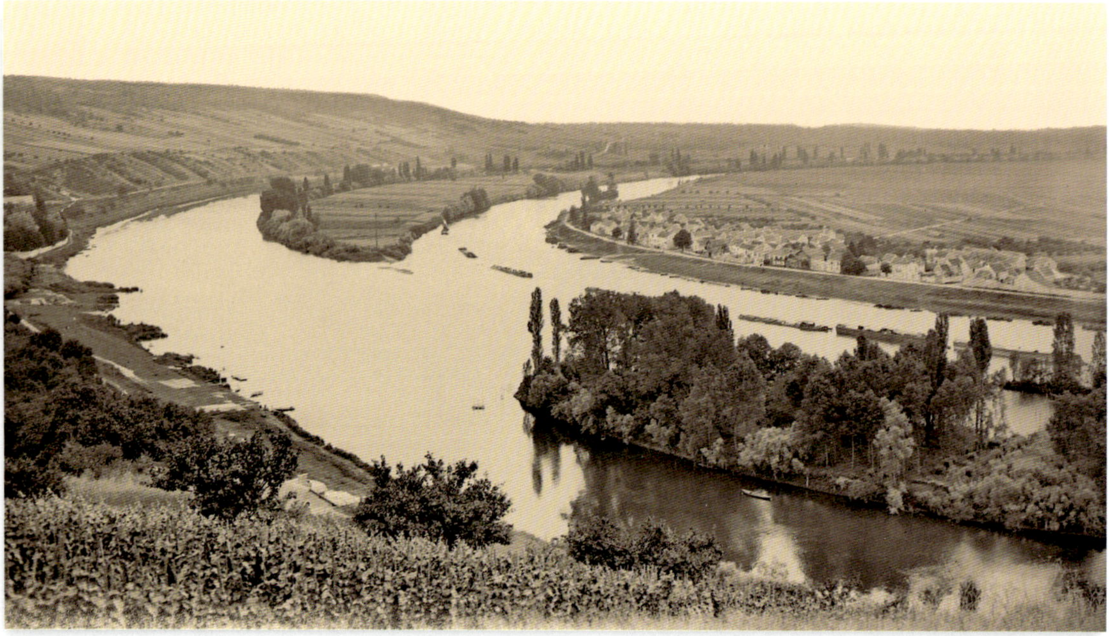

Vétheuil, boucle de la Seine.

La peinture, avant tout

On s'est beaucoup interrogé sur l'indifférence de Claude Monet à l'endroit de ses proches. Évoquant rarement sa mère ou son père, jamais son frère, il semble avoir cultivé un paisible détachement vis-à-vis de ses propres épouses et enfants. Aussi la place de Camille est-elle aussitôt occupée par Alice Hoschedé, sa maîtresse depuis plusieurs années. En revanche, le peintre est, plus que l'homme, sensible à cette disparition ; après la mort de Camille, les personnages perdent de leur importance, dans sa production, au profit du paysage. Quant à Alice, épouse d'Ernest Hoschedé, ami et client du peintre, elle était née le 19 février 1844 et mourra d'une leucémie le 19 mai 1911. C'est seulement après la mort de son époux, en 1891, qu'elle aura pu convoler avec l'artiste, le

16 juillet 1892. Mais dès 1878, elle s'était installée, avec ses six enfants, dans la maison des Monet, arrangement dont tout le monde semblait satisfait, y compris Camille et Ernest ! Les liens entre les deux familles sont tout à la fois si forts et si distincts que Jean, fils de Claude, épousera Blanche, fille d'Alice, en juin 1897 ! Fidèle à sa manière, Monet se montre incapable de mener une vie régulière, passant ses journées à l'extérieur pour peindre *Le Givre* (1879), *La Débâcle près de Vétheuil* (1880), *Le Jardin de Monet à Vétheuil* (1881), plus tard désertant le foyer familial pour de longs séjours en Normandie ou en Bretagne, eux aussi dédiés à la peinture (*Mer agitée à Étretat*, 1883 – *Les rochers de Belle-île, la côte sauvage*, 1886).

De Poissy à Giverny

En 1881, nouveau déménagement pour Poissy, petite cité médiévale dont la collégiale Notre-Dame a été le théâtre du baptême royal de saint Louis au XIIIe siècle. La famille s'installe dans une élégante villa dont les trois étages dominent les rives de la Seine. Monet y peindra *Les Tilleuls à Poissy*, (1882). En 1883, le peintre trouve enfin l'asile rêvé, un ancien pressoir et son jardin, à Giverny, tout près de Vernon, au seuil de la Normandie. L'ayant loué dans un premier temps, il le conservera et l'aménagera jusqu'à sa mort. Dès lors, toute son énergie est tendue vers la réalisation d'un jardin idéal, une étendue florale destinée à former le vivier de toutes ses visions d'artiste. Il y consacre son temps, son argent, ne parvenant à s'en rendre définitivement propriétaire qu'en 1890. Trois ans encore et il pourra commencer à aménager le célèbre bassin aux nymphéas, face auquel il peindra, presque sans discontinuer durant les trente dernières années de sa vie, les fameux « paysages d'eau » franchis par le petit pont japonais.

Le soutien de critiques influents

Auparavant, sa route aura croisé celle de l'écrivain Octave Mirbeau (1848-1917), en 1884 ; cette même année, le 21 novembre, l'illustre écrivain et critique se livre à une analyse serrée de l'art de Monet, destinée à la revue *La France* : « Partout, quoi qu'il ait peint et devant quelque nature qu'il se soit trouvé, Claude Monet a apporté le même recueillement, le même amour et la même puissance. [...] Monet a fait sortir de sa palette tous les incendies et toutes les décompositions de la lumière, tous les jeux de l'ombre, toutes les magies de la lune et tous les évanouissements de la brume. Je crois qu'il n'y a pas dans la nature un état si spécial, si peu facile qu'il soit à observer, une impression si rapide, une rêverie si intense qu'il n'ait su lui dérober, et qu'il n'ait rendu par de la couleur avec les palpitations de la vie ». Parmi les toiles de l'époque, rares sont celles qui semblent aussi bien illustrer le propos du critique que *Femme à l'ombrelle vers la droite* (1886) ou *Sous les Peupliers, effet de soleil* (1887). Pour se faire une juste idée du petit royaume que s'était forgé Claude Monet, rien n'est plus révélateur que les propos d'un autre critique Gustave Geffroy (1855-1926), indéfectible soutien et ami proche de l'artiste : « C'est à Giverny qu'il faut avoir vu Monet pour le connaître, pour savoir son caractère, son goût d'existence, sa nature intime. Cette maison et ce jardin, c'est aussi une œuvre, et Monet a mis toute sa vie à la créer et à la parfaire. [...] Cette maison modeste et pourtant si somptueuse par l'arrangement intérieur et le jardin, ou plutôt les jardins, qui l'entourent. Celui qui a conçu et agencé ce petit univers familier et magnifique n'est pas seulement un grand artiste dans la création de ses tableaux, il l'est aussi dans le décor d'existence qu'il a su installer pour s'y

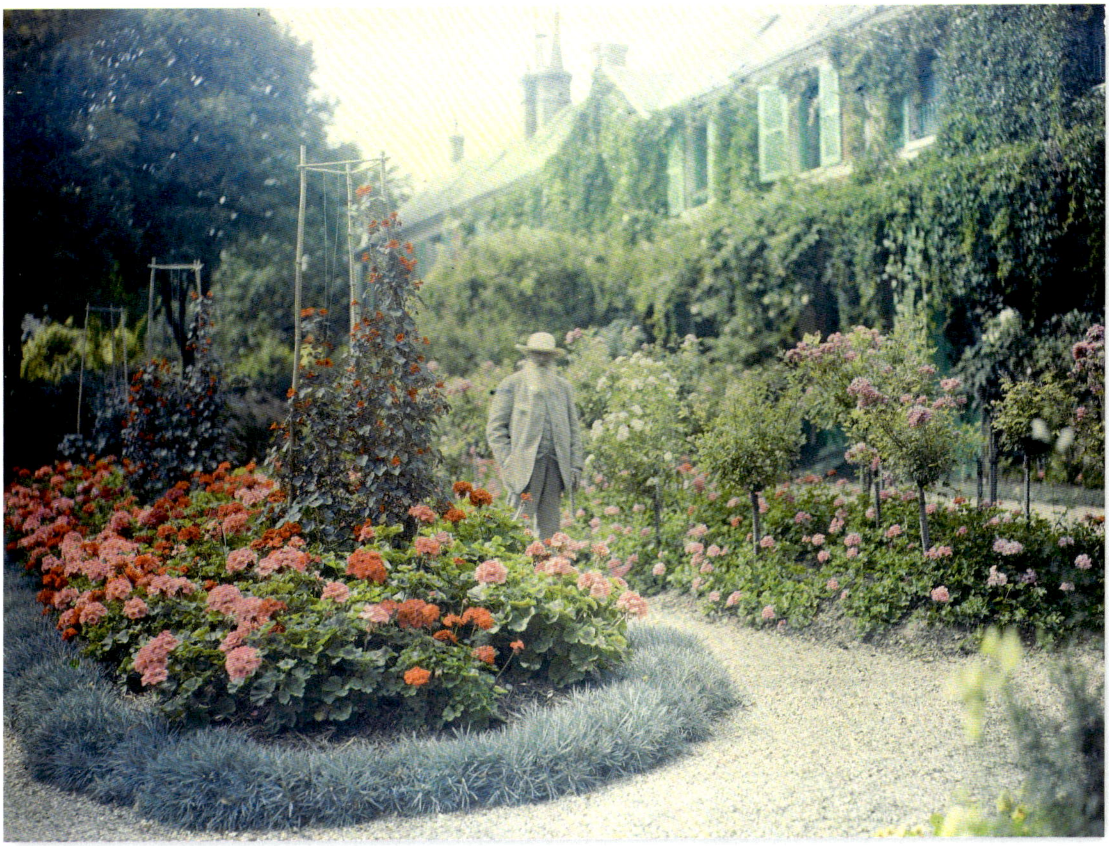

Monet devant sa maison de Giverny.

plaire. [...] Ce salon-atelier était plein de vie et de jeunesse aux jours de 1886 où j'y suis allé pour la première fois, des jeunes filles, des jeunes gens, des adolescents, les enfants et les beaux-enfants de Mme Monet. Le repas terminé, on revenait à l'atelier prendre le café, en traversant le salon bleu où est placée la bibliothèque de Monet. C'est là que Mme Monet, entourée de ses enfants et des enfants de Monet, apparaissait dans tout l'éclat apaisé de la vie heureuse, ses yeux vifs brillant sous son auréole de cheveux poudrés. »

De la réputation locale à la gloire internationale

Du 27 avril au 6 mai 1886, à l'invitation d'un riche amateur, le secrétaire d'ambassade Estournelles de Constant aux Pays-Bas, Monet retrouve la Hollande, découverte quinze ans plus tôt. Il y peint plusieurs tableaux, dont *Champs de tulipes, Hollande*. À son retour en France, il découvre que sa gloire commence à gagner le monde entier ; aux États-Unis, Paul Durand-Ruel s'active pour le faire connaître d'une riche clientèle avide de se constituer un patrimoine d'art contemporain. En retour, les bourgeoisies éclairées de la vieille Europe manifestent leur intérêt ; désormais, Claude Monet parvient à la richesse. Comblé artistiquement, il régularise sa situation familiale en épousant Alice et en faisant agrandir sa maison de façon à loger confortablement sa famille. Assez curieusement, il est à noter que ses deux fils mourront sans descendance ; il n'y aura pas d'héritier direct

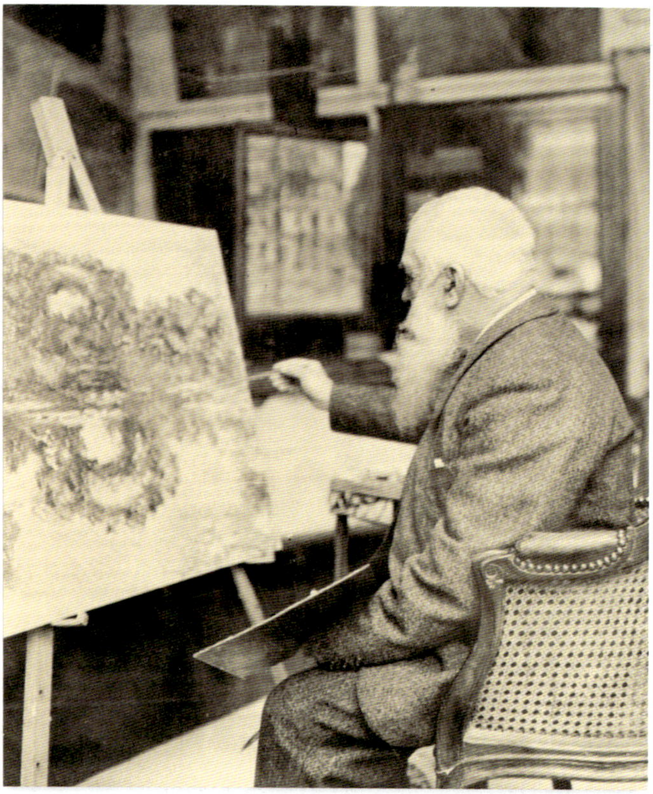

Monet au travail dans son atelier, en 1920.

du grand artiste. En même temps que la sienne, la gloire d'un autre génie, Auguste Rodin (né deux jours avant lui !) s'étend à l'échelle mondiale. Aussi les deux hommes, défendus par les mêmes critiques (dont Octave Mirbeau et Gustave Geffroy) sont-ils conviés à présenter leurs œuvres au gré d'une exposition commune en juin 1889, à la galerie parisienne Georges Petit. En dépit d'une petite brouille provoquée par un accrochage que Monet juge trop favorable à son ami (lui-même ne présente pourtant pas moins de 145 œuvres !), la manifestation, plaisamment intitulée « Rien que vous et moi » consacre ces deux colosses de la création contemporaine. Il est enfin à observer que chacun des deux artistes possède des œuvres de l'autre, hommage le plus sûr de leur estime mutuelle.

Le temps des séries

En 1890, Monet touche à la cinquantaine. Désormais célèbre, il reçoit beaucoup dans sa propriété de Giverny, notamment Paul Cézanne, Auguste Rodin ou l'ami Clemenceau. Pour lui est venu le temps d'une nouvelle étape, celle des séries qui assureront une part considérable de sa gloire posthume. Déjà, il avait remis plusieurs fois en chantier ses visions de la *Gare Saint-Lazare* en 1877 et souvent travaillé sur le même motif. Mais désormais, c'est un véritable système qu'il met en place, avec la double série des *Meules* (1890-1891) et des *Peupliers* (1890). L'anecdote est célèbre, qui rapporte comment par un beau matin de l'été finissant de 1890, le peintre aurait prié Blanche Hoschedé d'aller vite chercher une toile vierge, la meule qu'il était en train de peindre ayant changé de lumière, donc de couleur. Au soir de sa vie, l'artiste lui-même entretiendra cette version poétique. Une lettre de Monet à Gustave Geffroy, datée du 7 octobre 1890, rétablit une vérité peut-être encore plus édifiante : « Je pioche beaucoup, je m'entête à une série d'effets différents (des meules), mais à cette époque, le soleil décline si vite que je ne peux le suivre... Je deviens d'une lenteur à travailler qui me désespère, mais plus je vais, plus je vois qu'il faut beaucoup travailler pour arriver à rendre ce que je cherche : *l'instantanéité*, surtout l'enveloppe, la même lumière répandue partout ». Au total, Monet consacre quelque vingt-cinq tableaux (*Meules, fin de l'été, effet du matin - Meule, effet de neige le matin...*) au motif des gerbiers dressés dans un champ voisin de sa maison ; quinze d'entre eux seront exposés chez Durand-Ruel du 5 au 20 mai 1895. Viendra ensuite la série des *Peupliers* (*Les peupliers au bord de l'Epte, automne – Les peupliers, trois arbres roses, automne...*) puis celle des *Cathédrales de Rouen* (*Cathédrale de Rouen, portail, temps gris - Cathédrale de Rouen, portail et tour Saint-Romain, effet du matin ; harmonie blanche - Cathédrale de Rouen, plein soleil...*), entamée en 1892, sur le motif, terminée en 1894, à l'atelier. La présentation de vingt toiles de cet ensemble chez Durand-Ruel, l'année suivante, affermit définitivement l'immense réputation de l'artiste.

Giverny, Londres, Venise...

Il semble désormais que Claude Monet n'ait plus rien à apprendre, plus rien à prouver. Dans les trois dernières décennies de son existence, il ne cherchera guère plus l'inspiration que face à son jardin de Giverny, amoureusement et patiemment entretenu. Les fleurs et les plantes terrestres, mais surtout les nymphéas du bassin retiennent toute son attention (*Bassin aux nymphéas, harmonie verte,*

1899 - *Le Jardin de Monet, les iris - Bassin aux nymphéas, harmonie rose*, 1900 - *Étang aux nymphéas*, 1904 - *Nymphéas*, 1907...). Il fera pourtant quelques séjours hors de Giverny, notamment à Londres et à Venise. Ayant plusieurs fois visité Londres (1870, 1887, 1888, 1891), Monet y retourne à trois reprises (1899, 1900 et 1901), mû autant par son admiration pour Turner que par son désir de capter la clarté ouatée de la grande cité (*Londres, le Parlement, trouée de soleil dans le brouillard*, 1904). L'essentiel de ses travaux reste consacré au Parlement ainsi qu'aux ponts de Charing-Cross et de Waterloo. Puis ce sera le tout dernier voyage en compagnie d'Alice, à Venise, d'octobre à décembre 1908 ; Monet en rapporte un total de 37 tableaux (*Saint-Georges Majeur au crépuscule - Gondoles à Venise*...).

Les dernières épreuves

Avec la venue de la vieillesse, la santé de l'artiste se dégrade inéluctablement ; sa vue, notamment est source de nombreuses inquiétudes. Après le voyage vénitien de 1908, il s'est fait aménager un grand atelier à Giverny pour y réaliser les panneaux géants de nymphéas. Le temps passe, qui emporte les

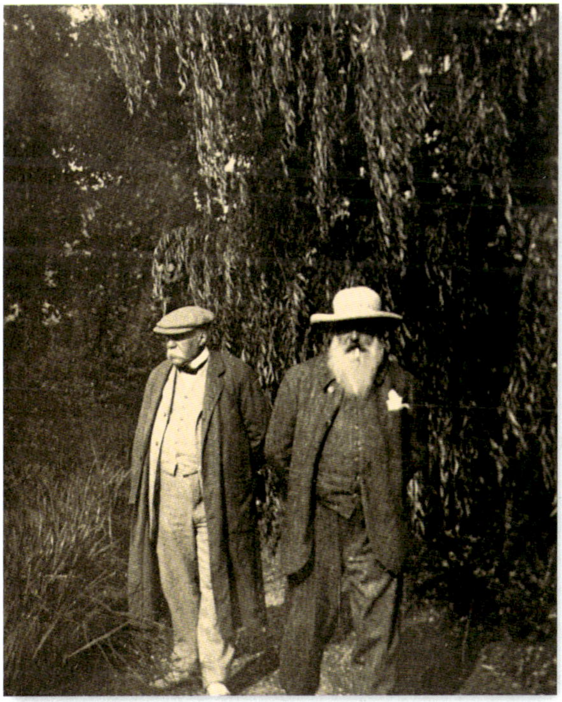

Clemenceau et Monet à Giverny.

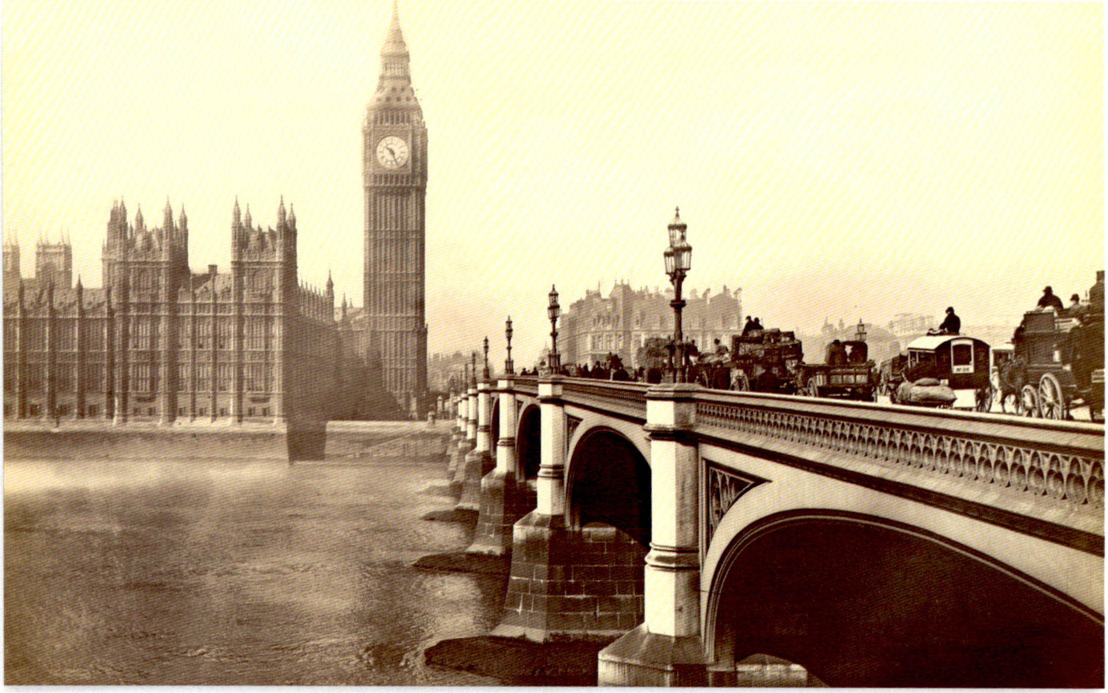

Londres, pont et palais de Westminter, 1880.

êtres les plus chers. Alice meurt en 1911, trois ans avant Jean, fils aîné de l'artiste, qui disparaît le 10 février 1914. Le peintre ne peut occulter ces tragédies, non plus que celle qui se prépare à embraser l'Europe, mais il se réfugie dans l'exercice d'un art toujours plus personnel. Les *Nymphéas* continuent de proliférer sous ses brosses, en toute saison, à toute heure de la journée. Lorsque l'armistice du 11 novembre 1918 met enfin un terme au massacre des nations, le vieux peintre célèbre le retour de la paix par l'exécution de huit toiles géantes, toutes consacrées aux nymphéas de Giverny. Réunies sur les parois ovales du musée de l'Orangerie, elles ouvrent la légende d'une abstraction lyrique qui deviendra l'un des mouvements fondamentaux du XXe siècle.

Les yeux mourants

La malédiction de la cataracte a souvent été avancée en ce qui concerne l'affaiblissement de la vision de l'artiste au soir de sa vie. Son vieil ami Georges Clemenceau, médecin de son état, lui ayant conseillé l'opération, Monet s'y résout. Lors de l'examen du 7 septembre 1922, mené par le docteur Coutela, la vision du peintre est presque nulle à droite et de 1/10e seulement à gauche. Monet accepte l'intervention, qui a lieu en janvier 1923 à la clinique de Neuilly. L'opération est réussie, mais l'artiste souffre beaucoup les jours suivants, supportant mal la pose d'un pansement sur son œil, durant une dizaine de jours. Trois semaines plus tard, des verres correcteurs lui sont prescrits et Coutela ne cache pas sa satisfaction, dans une lettre destinée à Clemenceau : « La vision de près peut être considérée comme à peu près parfaite après correction. Pour la vision de loin, le résultat est moins extraordinaire : Monsieur Monet a 3 à 4/10e, ce qui n'est pas mauvais… mais il lui faudra un certain entraînement, car pour la vision de loin, il sera plus ou moins gêné. » Tel n'est pas vraiment l'avis de Monet ; le résultat ne lui semble pas suffisamment convaincant, en dépit d'une amélioration passagère qui lui a permis de se remettre au travail avec un enthousiasme retrouvé. Toute réflexion faite, il préférera conserver le peu qu'il lui reste de vision à l'œil gauche, refusant désormais toute forme d'intervention. Probablement, dans les derniers mois, ne distingue-t-il plus qu'un brouillard coloré, influant directement sur la nature de sa production finale. Nous disposons, à cet égard, du témoignage d'un ophtalmologiste réputé, Jacques Mawas qui, s'étant rendu à Giverny, en rapportera ce commentaire désabusé du peintre : « Je vois bleu, je ne vois plus le rouge, je ne vois plus le jaune ; ça m'embête terriblement parce que je sais que ces couleurs existent ; parce que je sais que sur ma palette il y a du rouge, du jaune, il y a un vert spécial, il y a un certain violet ; je ne les vois plus comme je les voyais dans le temps, et pourtant je me rappelle très bien les couleurs que ça donnait. » Le port de verres teintés améliorera quelque peu la situation, sans jamais lui permettre de retrouver une vision satisfaisante.

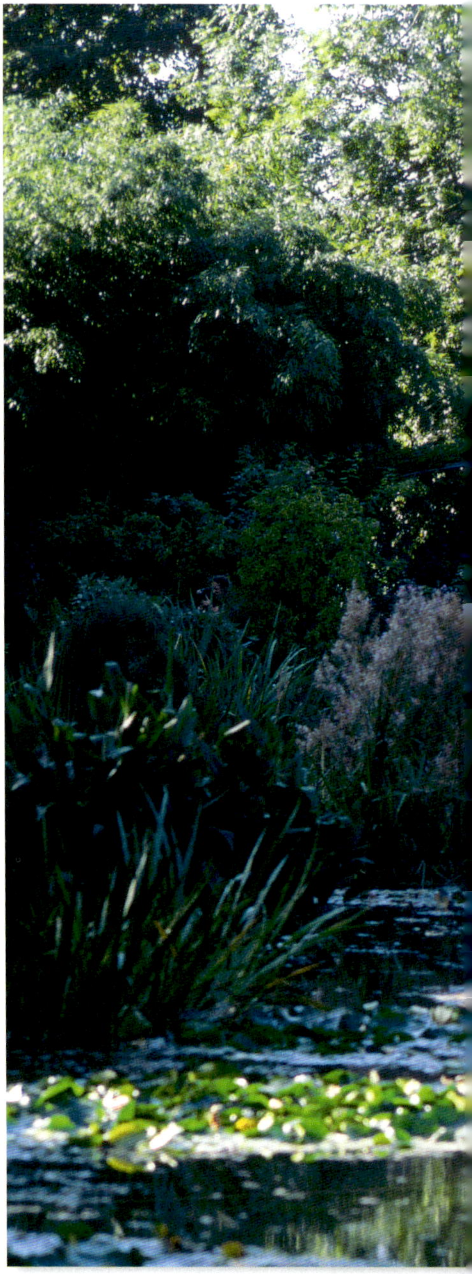

Épilogue

En 1926, le peintre n'est plus que l'ombre de lui-même. Gravement affaibli par une lésion à son poumon gauche (probablement un cancer, Monet étant resté un gros fumeur), il est soigné avec dévouement par Blanche, veuve de son propre fils. Le 5 décembre, âgé de 86 ans, le peintre s'éteint, dans sa chambre de Giverny. Le premier à accourir à son chevet n'est autre que Georges Clemenceau, qui n'est son cadet que d'un an et qui mourra à son tour, trois ans plus tard. Le 8 décembre, l'inhumation a lieu dans le cimetière qui jouxte l'église de Giverny. En dépit de plusieurs propositions de translation des restes de Claude Monet au Panthéon, c'est en son domaine d'élection que la brise normande continuera de bercer son sommeil.

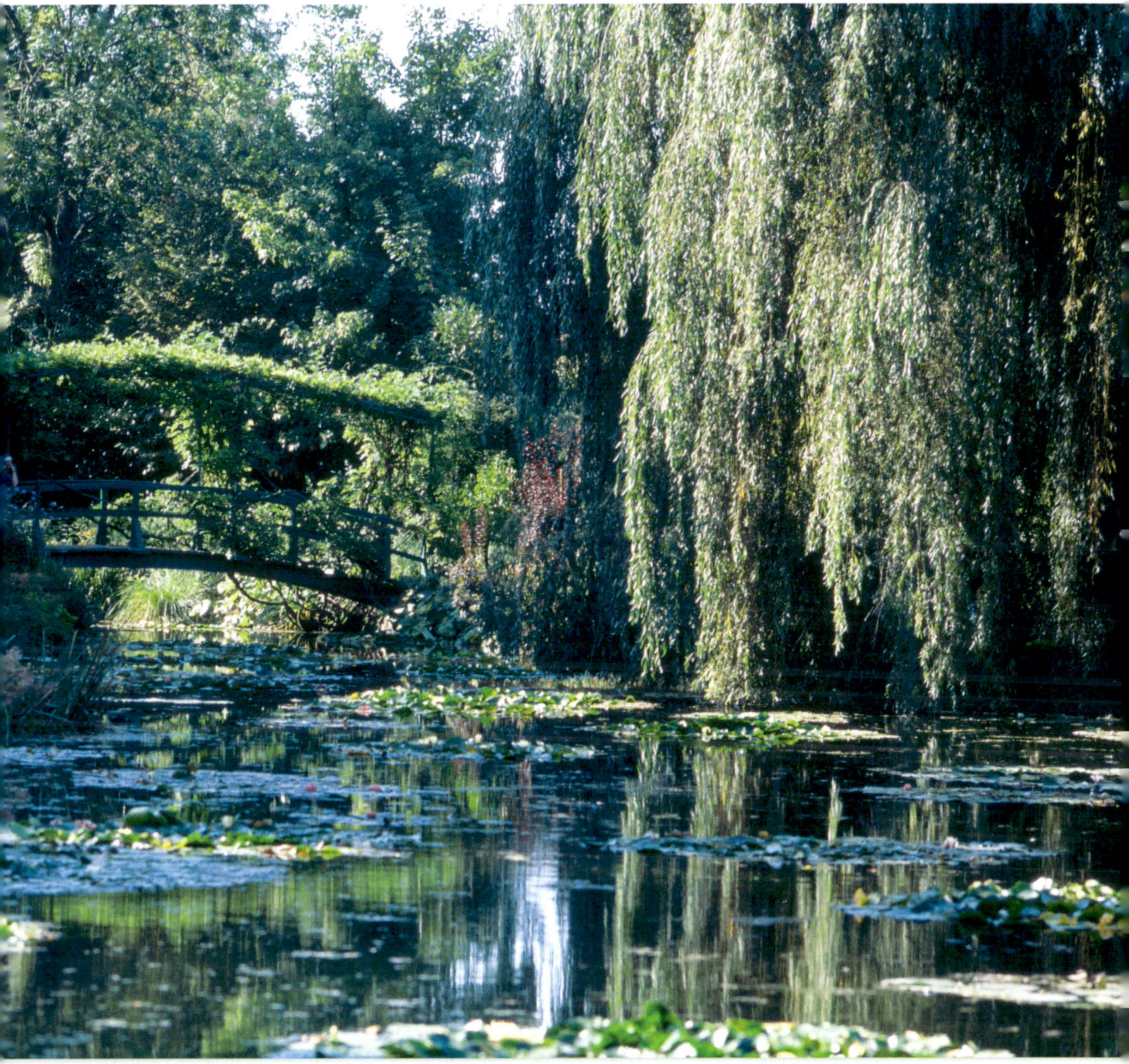

Giverny, saules, bassin des nymphéas et pont japonais.

1840 Claude Monet naît à Paris le 14 novembre 1840. Il fait ses études au collège Mailleraye du Havre où il devient vite réputé pour ses caricatures.

1858 Il rencontre Boudin qui lui apprend à peindre dans la nature. Son père essaie de le faire admettre à l'École des beaux-arts.

1859 Départ pour Paris où il fait la connaissance d'Amand Gautier et de Constant Troyon. Les natures mortes de Charles Monginot et les œuvres de Rousseau, Daubigny et Corot l'intéressent. Il préfère l'Académie Suisse, certainement fréquentée par Pissarro, aux Beaux-arts. Son père lui coupe les vivres.

1860-1861 Service militaire en Algérie où il s'intéresse aux « impressions de lumière et de couleur ».

1862 Il entre dans l'atelier de Gleyre où il rencontre Bazille, Lepic, Renoir, Sisley avec lesquels il élabore l'Impressionnisme.

1863 Découverte de Manet. Il se passionne pour les maîtres anciens lors d'une visite au Louvre avec Renoir.

1864 Voyage à Honfleur avec Bazille, Jongkind et Boudin. Il envoie un tableau de fleurs à l'exposition de Rouen.

1865 Monet retrouve Bazille ; il projette de peindre un *Déjeuner sur l'herbe* en s'inspirant de Manet. Départ pour Chailly. Aide financière et conseils artistiques de Courbet. *Le Déjeuner sur l'herbe*, sera abandonné par Monet qui refuse de le présenter au Salon. Il peint plusieurs vues de la forêt de Fontainebleau et un portrait de Camille Doncieux, qu'il épouse en 1869.

1866 Il reçoit les éloges de la critique au Salon. Le peintre s'éloigne de Courbet et s'émancipe.

1867 Monet peint des « études de ville » telles que *Vue de L'église Saint-Germain-l'Auxerrois* et *Quai du Louvre*. Voyage à Saint-Adresse où il réalise des « marines, des figures, des jardins ». Premiers troubles de la vue. Retour à Paris, naissance de son fils Jean. Sa toile *Femmes au Jardin* est refusée au Salon.

1868 Il participe à une exposition maritime internationale au Havre avec Courbet et Manet. M. Gaudibert, riche négociant du Havre, lui commande un portrait de sa femme et lui verse une pension. Monet et Renoir travaillent ensemble à Bougival, ils peignent les mêmes sujets.

1869 Installation à Saint-Michel près de Bougival. Une de ses toiles est refusée au Salon.

1870 Il peint *La plage à Trouville* avant la déclaration de guerre, fuit à Londres où il rejoint Pissarro et Daubigny. Découverte de Turner et de la peinture anglaise. Toiles refusées à la Royal Academy. Il peint *Le Parlement de Londres*.

1871 Le peintre revient en France par les Pays-bas et installe son atelier dans une barque sur la Seine.

1872-1874 Monet travaille à Argenteuil avec Manet, Renoir, Sisley et Caillebotte. Ils choisissent d'exposer leurs œuvres chez Nadar. Apogée du mouvement Impressionniste. Monet peint *Les Régates d'Argenteuil*. Il présente *Les Coquelicots* lors de la première exposition des Impressionnistes.

1874 Sa peinture *Impression, soleil levant* suscite les moqueries du critique Leroy qui, en reprenant le titre du tableau, crée le terme « Impressionniste ».

1875 Le peintre présente 20 œuvres à la vente de Durand-Ruel à Drouot qui est un échec.

1876 Exposition chez Durand-Ruel (18 toiles dont *Madame Monet en costume japonais*).

1877 Retour à Paris. Monet peint plusieurs études de la gare Saint-Lazare. Il travaille sur un même sujet en modifiant les couleurs en fonction de la lumière. Il présente 30 toiles à l'exposition chez Durand-Ruel parmi lesquelles sept sont des vues de la gare.

1878 Il réalise des vues de Paris. Installation à Vétheuil où Camille meurt en 1879.

1879 Monet présente des toiles figurant les bords de Seine à la 4ème exposition impressionniste. Une de ses toiles est acceptée au Salon officiel.

1880 Il se met à l'écart du groupe des Impressionnistes et organise une exposition particulière à la Vie moderne.

1882 7ème exposition impressionniste. Ses paysages et natures mortes reçoivent un avis favorable de la critique.

1883-1885 Installation à Giverny. Durand-Ruel expose des toiles du groupe à l'étranger. Nombreux voyages sur la côte d'Azur, en Normandie et en Bretagne.

1886 Monet participe à l'exposition des Vingt à Bruxelles. Voyage en Hollande. Il rentre à Giverny. Il prend comme modèle Suzanne Hoschedé et peint la *Femme à l'ombrelle*.

1888 Il signe un contrat avec Théo Van Gogh.

1889 Organisation d'une rétrospective avec Rodin (65 toiles sont présentées). L'exposition est un succès.

1890 Retour à Paris où il retrouve le groupe des Impressionnistes. Il aménage son jardin de Giverny et étudie l'« instantanéité ». Il développe le principe des séries.

1892 Monet recueille 4 voix lors du choix des artistes pour décorer l'Hôtel de ville de Paris. Il épouse Alice Raingo veuve d'Ernest Hoschedé.

1892-1894 Il peint la série des *Cathédrales de Rouen* qu'il exposera en 1895.

1895 Séjour en Norvège.

1896 Voyage en Normandie où il peint des paysages et des natures mortes.

1897 Monet expose une série d'études sur les *Nymphéas* chez Georges Petit.

1900 Voyage à Londres où il peint une série de toiles sur la Tamise. Exposition chez Durand-Ruel.

1908 Voyage à Venise. Il réalise des toiles telles que Le Grand Canal, Le Palais ducal qui seront exposées en 1912 chez Berheim.

1909 Importante exposition des Nymphéas (48 toiles) chez Durand-Ruel qui remporte un grand succès.

1911 Mort de sa femme Alice à Giverny.

1914 Construction d'un vaste atelier lumineux à Giverny. Il réalise des toiles de *Nymphéas*. Exposition de 14 de ses toiles au Louvre.

1918 Monet choisit de léguer à la France plusieurs de ses toiles sur les conseils de Clémenceau. L'Orangerie est choisie pour accueillir les immenses panneaux. Le peintre décide de l'emplacement et de la disposition des peintures dans la salle. Il est opéré de la cataracte ce qui retarde la mise en œuvre du projet.

1926 Monet meurt à Giverny le 5 décembre 1926 avant l'inauguration de l'exposition des *Nymphéas* en 1927.

Femmes au jardin,
Le manifeste d'un nouveau réalisme

Pour cette œuvre de jeunesse, conçue en 1866, Claude Monet décide de relever le double défi de la peinture en plein air et du grand format. Dans son jardin de Ville-d'Avray, il place quatre jeunes femmes, chargées de donner à la scène un caractère spontané tout en assurant à l'œuvre une cohérence et une solidité propres à la peinture d'histoire.

Ambition neuve, méthode inédite

Pour mener à bien cette entreprise, Monet imagine un dispositif ingénieux : il suspend sa grande toile à une poulie et creuse une tranchée à son pied. Ainsi pourra-t-il descendre ou monter le fragment sur lequel il travaille, en conservant la même perspective. Dans le même temps, il reste à l'affût des changements de lumière, assurant l'intégration de ses personnages, immobiles ou mouvants, à la nature immuable et frissonnante.

Autour de l'axe central formé par l'allée et par le tronc de l'arbre, Monet répartit ses quatre figures dans la partie inférieure. Bien qu'admirablement peintes, les protagonistes conservent une part de mystère, leur visage présentant soit un profil fuyant, soit une apparence dérobée par les couleurs d'un bouquet ou par le demi-jour d'une ombrelle. L'essentiel est ailleurs, dans la lumière colorée de leurs vêtures, qui semblent refléter toutes les nuances de la nature en fête. Seule la trouée de droite rend compte de l'immensité bleue des nuées, mais c'est dans les détails floraux et vestimentaires de la scène que le spectateur prend une conscience presque tactile de la circulation de l'air et de la lumière.

L'imprécis au service du tangible

Discrètement abritée du soleil, la jeune femme assise dans l'herbe au pied de l'arbre, laisse vibrer autour d'elle le cercle radieux de sa robe étalée ; indifférente à la présence du peintre, elle réserve son attention au bouquet qu'elle a en main. Derrière elle, deux femmes observent en silence un second bouquet. Sur la droite enfin, aspirée par l'ombre et en rupture avec l'immobilité fragile de la scène, la quatrième jeune femme dissipe de son pas rapide le sentiment de songerie mélancolique dégagé par ses compagnes. Sur sa robe, le traitement de la lumière, tout en dégradés et en nuances, contraste avec l'opposition des zones claires et obscures marquant la robe de sa complice du premier plan.

LE DÉTAIL ÉTONNANT

La jeune femme assise au premier plan, n'est autre que la compagne de Monet, Camille. Mais, à bien observer le tableau, il apparaît qu'elle sert aussi de modèle pour les autres figures. Un modèle dont les vêtements (loués pour l'occasion) et les attitudes diffèrent pour créer un effet de groupe artificiel à partir d'un seul sujet.

1866, huile sur toile, 255 x 205 cm, musée d'Orsay

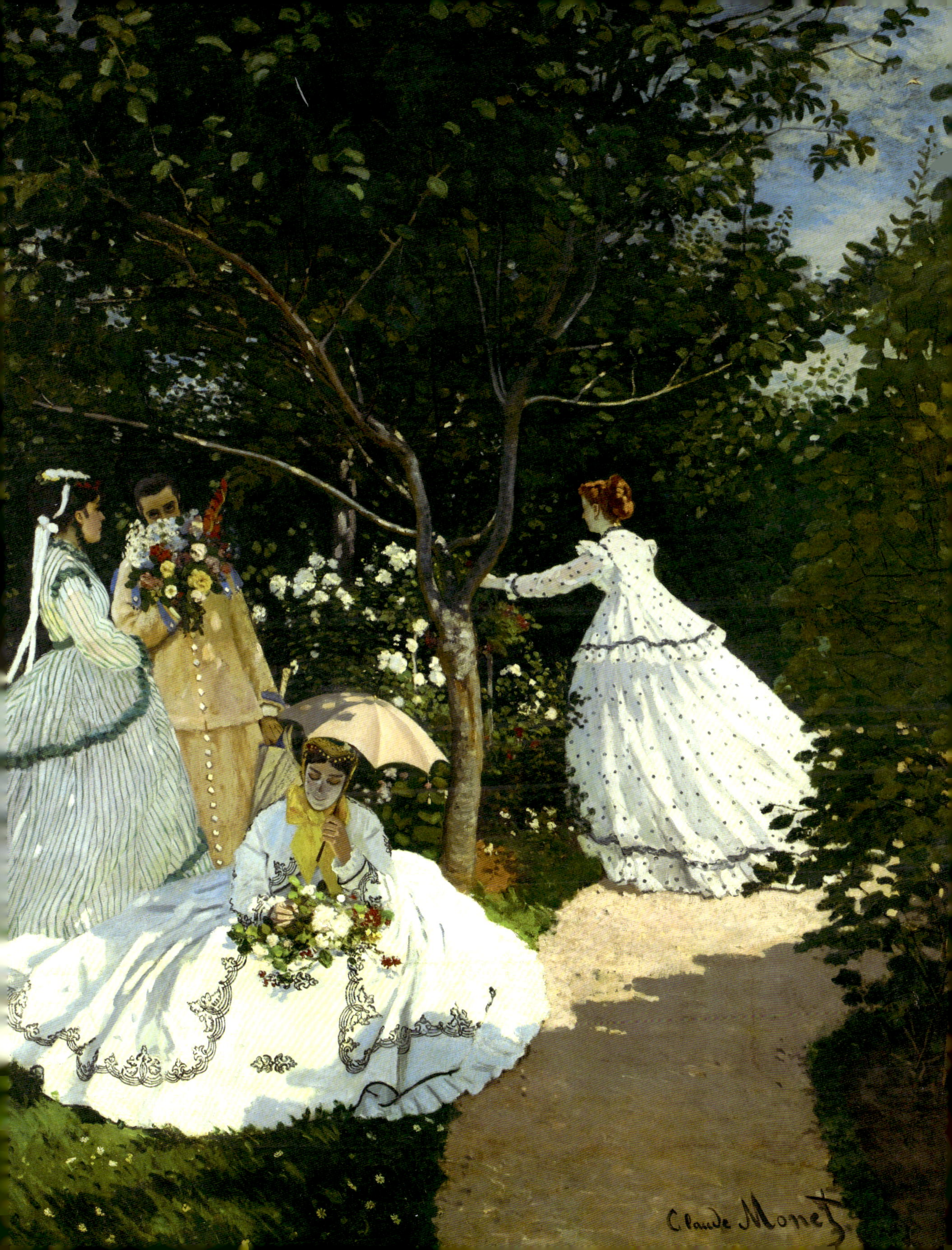
Claude Monet

Terrasse à Sainte-Adresse,
La mer et son rythme inlassable

L'été 1867 est marqué par le retour de Monet sur les rives de la Manche. Installé chez la sœur de son père, à Sainte-Adresse, quartier élégant au nord du Havre, il contemple chaque matin, de la fenêtre de sa chambre, le panorama qui, par beau temps, s'étend jusqu'à l'extrémité opposée de l'estuaire de la Seine.

Luxe, calme et volupté

Dans la légende de l'artiste, la misère matérielle est trop complaisamment et trop souvent évoquée pour qu'il semble inutile d'en relativiser la réalité. En un temps où les congés payés sont encore inconnus pour l'immense majorité des Français, la villégiature de Sainte-Adresse prend alors toutes les apparences du luxe paisible, presque idyllique. Nulle œuvre n'en rend mieux compte que cette vision d'une terrasse de Sainte-Adresse, petite cité résidentielle dominant, depuis les falaises qui prolongent le rivage du Havre, les horizons de la Manche. Debout contre la balustrade, se dresse le jeune couple formé par la cousine de Monet, Jeanne Lecadre, et par son probable soupirant. Face à eux, assis sur des sièges aux courbures délicates, la tante abritée sous son ombrelle et le père du peintre, au canotier désinvolte. Dans ce décor, aussi enchanteur pour l'œil qu'apaisant pour l'esprit, la vie semble se dérouler au ralenti, mieux illustrée par le balancement tranquille des embarcations de plaisance, sur la gauche, que par l'activité marchande des lointains bateaux à vapeur aux panaches noirs

L'influence de la photographie

Nombreux sont les commentateurs qui ont souligné le contraste entre l'intimité familiale de la scène de premier plan et l'immensité des horizons maritimes ouverts au-delà de la terrasse de Sainte-Adresse. Pas de hiérarchie dans ce tableau entre le grand large maritime et l'étroite maçonnerie urbaine. Nulle trace de composition académique, non plus ; bien au contraire, les navires semblent buter contre les mâts des oriflammes qui, claquant dans le vent, éloignent moins le ciel qu'ils n'en signalent l'instantanéité lumineuse. Aucun hiatus non plus entre la danse des vagues et le ballet lent des fleurs qui embellissent le quotidien de la villégiature. Tout scintille et brille sous le soleil et dans la vigueur de la brise marine. Comment ne pas évoquer ici l'influence manifeste de la toute récente photographie, au moins en ce qui concerne le cadrage ? C'est en effet à la photographie, « écriture de la lumière » inventée par Nicéphore Niepce quelques décennies plus tôt, que fait songer un tel dispositif. À terme, c'est l'autonomie de la surface peinte qui est affirmée, sans véritable hiérarchie entre les plans, sans autre séduction que celle des couleurs. Le vivier est déjà fécond, qui donnera l'abstraction un demi-siècle plus tard.

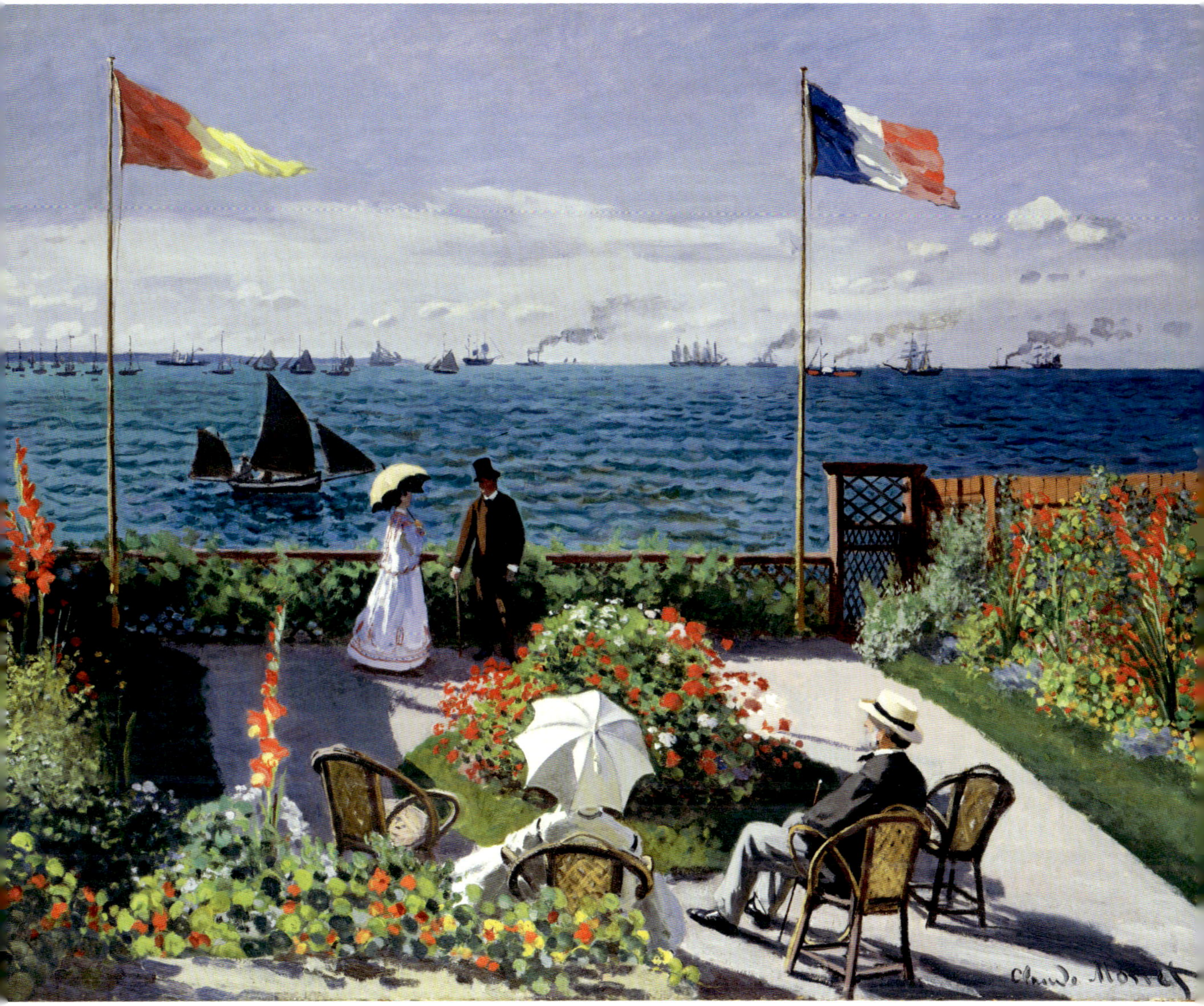

1867,
huile sur toile,
98 x 130 cm,
Metropolitan Museum,
New York

Le coup de génie

Regroupées sur la ligne d'horizon, les diverses embarcations racontent l'histoire d'un monde qui s'efface, celui des grands navires à voile, face l'armada contemporaine des bateaux à vapeur. Nulle nostalgie ici, rien d'autre que le souci de rendre compte des mutations matérialisant une modernité revendiquée par l'art autant que par l'industrie.

Le Déjeuner sur l'herbe,
L'hommage à Manet

C'est en hommage à Manet que l'artiste s'est lancé dès le printemps 1865 dans le monumental projet d'un *Déjeuner sur l'herbe* qui, mesurant quelque 4,65m sur 6m, était destiné au Salon de 1866. Si l'on en croit les souvenirs tardifs de Monet, l'œuvre sera donnée en gage à son logeur, impayé depuis des mois, au cours de l'année 1878. Reléguée dans une cave humide, elle sera récupérée par le peintre six ans plus tard, dans un tel état de moisissure qu'il ne sera possible de n'en récupérer que trois fragments, dont celui-ci, qui occupait une position centrale.

Dépasser le modèle

Pour comprendre l'ambition de Monet, il faut se rappeler que *Le Déjeuner sur l'herbe* de son illustre aîné, avait provoqué un scandale retentissant au Salon des Refusés, en 1863 ! Un si bel exemple ne pouvait que stimuler son cadet de huit ans (et presque homonyme), soucieux de dépasser le plus vite possible cet emblème de la modernité. De nombreuses esquisses, pour l'essentiel perdues, témoignent du soin porté à l'élaboration du tableau. Pourtant, le projet n'ira pas à terme, en dépit de l'avancement du travail et du soutien des amis. À ce sujet, un point reste obscur : maître des formats monumentaux, Gustave Courbet (que Monet a figuré sous les traits de l'homme assis à gauche) a-t-il encouragé le jeune homme ou l'a-t-il dissuadé de poursuivre ? Témoignages et opinions divergent à ce sujet, mais le renoncement de Monet est attesté dès avril 1866.

Concilier les inconciliables

Pourquoi cet échec ? Parmi les raisons avancées, la plus plausible est celle de la difficulté, pour ne pas dire l'impossibilité, d'introduire dans les limites de ce format gigantesque le caractère de spontanéité qui caractérise l'impressionnisme. Les échos du scandale de 1863 ne sont pas encore dissipés au moment où ce tableau a toutes les chances d'apparaître comme une nouvelle provocation au jury du Salon. Les vêtements sont plus esquissés que peints, les visages se signalent par le flou des traits et les taches de lumière ne sont pas exemptes d'une certaine brutalité. Restituer les effets naturels de la lumière à l'échelle des tableaux bibliques ou mythologiques ne relevait-il pas de la gageure ? Et aussi, de façon plus triviale, comment offrir aux simples protagonistes d'un pique-nique sylvestre les dimensions ordinairement réservées aux héros de l'histoire ?

LE DÉTAIL ÉTONNANT

Pour la figure de l'homme debout, Monet a sollicité son ami, le peintre Frédéric Bazille. Dans tous les tableaux impressionnistes (y compris les siens), Bazille est identifié par sa très haute taille. Dépassant tous ses amis d'une bonne tête, avec ses 1,88m, il faisait figure de géant, à une époque où la hauteur moyenne des hommes ne dépassait pas 1,65m en France.

1866, huile sur toile, 255 x 205 cm, musée d'Orsay

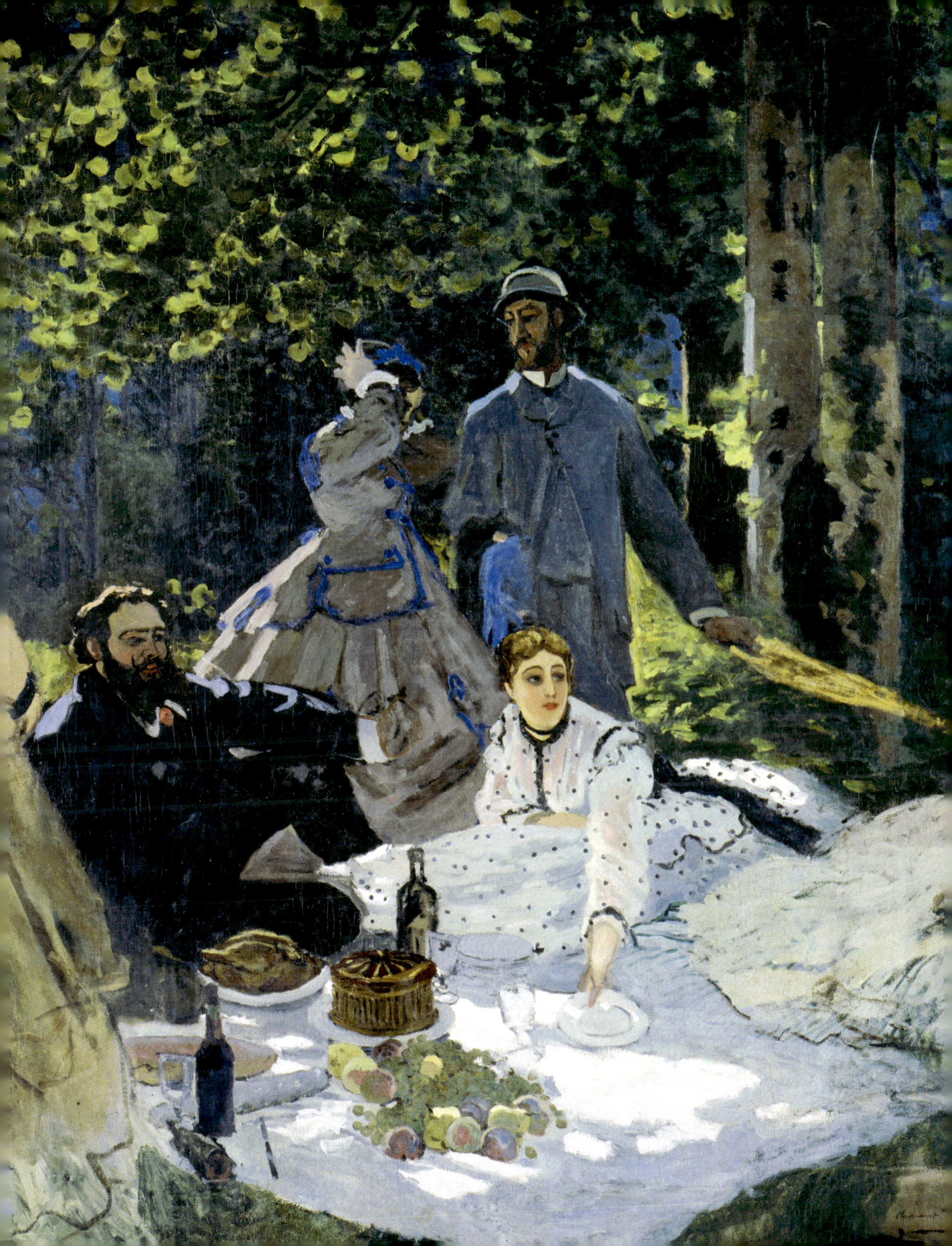

La Pie,
La neige et ses féeries

Avec sa femme et son fils, Claude Monet passe l'hiver de 1868 dans la campagne normande, redécouvrant la magie de paysages enneigés qu'il se contraint à restituer au cours de longues séances en plein air, quelle que soit la rigueur de la température. C'est à cette occasion qu'il réalise l'un de ses chefs-d'œuvre, *La Pie*, vision d'une incroyable délicatesse.

Un songe visuel

Le peintre Gustave Courbet avait donné des visions émouvantes de l'hiver jurassien, au prix d'une virtuosité de facture et d'une sensibilité intuitive sans égales en leur temps. Ici, c'est une autre ambition qui anime Monet : reproduire non les fastes du paysage hivernal mais l'impression qu'il a produite sur celui qui l'a scruté en secret. Un coin de campagne discret, la silhouette d'une ferme assoupie, des arbres dénudés, une clôture indistincte, et partout l'ensorcelant linceul neigeux. Ciel et terre vibrent à l'unisson, les ombres s'allongent au sol, les nuages s'étirent au-dessus de l'horizon. La réalité fugitive de cet instant pétrifié est si forte est que le spectateur vit, comme en rêve, l'illusion d'en percevoir le silence cristallin et d'en respirer les parfums glacés.

Les couleurs du blanc

Le visiteur d'Orsay est presque toujours surpris par l'ampleur de ce tableau, par sa largeur notamment, mais aussi par la stupéfiante variété d'une palette qui donne au blanc hivernal presque toutes les nuances de l'arc-en-ciel : roses, orangés et jaunes dansent dans les parties lumineuses, confortés par les bleus et les violets qui se glissent dans les ombres prolongées. Progressivement, toutes ces nuances se séparent, se disloquent, se retrouvent, s'unissent, au gré d'un ballet visuel qui renvoie au geste de l'artiste multipliant les touches les plus variées et les plus inattendues. Étrange impression que celle de ce paysage qui accumule les détails les plus subtils tout en les fondant au sein d'un cadre unifié par les scintillements d'une lumière aussi confidentielle qu'envahissante. Jamais un peintre n'était allé aussi loin dans l'économie des motifs, des formes et des couleurs pour donner à voir l'invisible, à percevoir l'imperceptible.

LE DÉTAIL ÉTONNANT

La pie attire presque toujours le regard, non seulement en raison du titre de l'œuvre, mais aussi en tant que seul élément vivant de ce paysage du grand froid hivernal. Au-delà de la simple figuration animale, ce motif fait aussi frontière, dans son partage en deux taches respectivement claire et sombre, entre plusieurs univers : l'enclos et le chemin, la ferme et le bois, l'ombre et la lumière, le ciel et la terre…

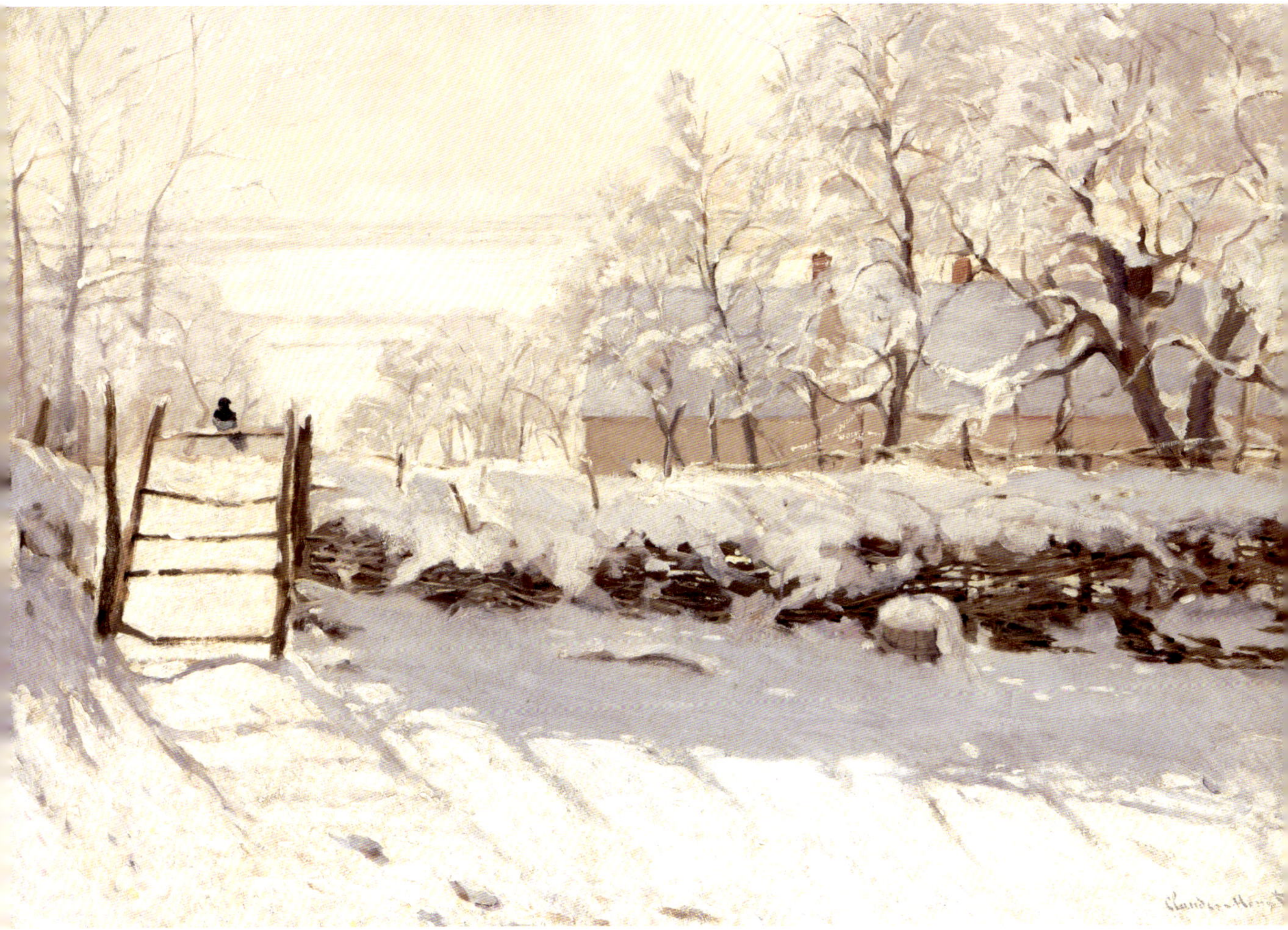

1869,
huile sur toile,
89 x 130 cm,
musée d'Orsay

« Le motif est quelque chose de secondaire ;
ce que je veux reproduire,
c'est ce qu'il y a entre le motif et moi »

Claude Monet

Bain de la Grenouillère,
La force de l'été

Autant l'hiver normand de 1868-1869 s'était inscrit sous le signe morose de la solitude neigeuse, autant l'été suivant se caractérise, dans l'œuvre du peintre, par le sacre du loisir collectif, dans le grand éblouissement de la saison chaude. Tout près de Bougival, charmante bourgade située à quelques kilomètres à l'ouest de Paris, Claude Monet s'est en effet installé en compagnie de Camille et de son petit garçon, aux côtés de quelques autres artistes, dont Auguste Renoir.

La lumière avant tout

Fréquentant assidûment la Grenouillère, ce café-flottant qui organisa un bal célèbre chaque jeudi durant des décennies, le peintre y trouve une atmosphère à son goût, tout à la fois festive et populaire. Le cadre naturel lui-même est un véritable vivier de sujets variés, des rives boisées de la Seine à la surface mouvante du fleuve, des nuées éblouissantes aux sous-bois ténébreux. Il est d'ailleurs significatif que ces données naturalistes retiennent plus l'attention de Monet que la foule joyeuse des promeneurs et des baigneurs, dont Renoir transmettra la mémoire fidèle dans le célèbre *Déjeuner des canotiers*. À Monet reviennent deux versions de la Grenouillère, dont ce Bain aux détails à peine esquissés. La prééminence de la lumière est indiscutable ; c'est à elle qu'il revient d'animer le miroir du fleuve, de vibrer sur les canots du premier plan ou encore de s'incruster dans les noirceurs du fond boisé. Au point d'abolir toute hiérarchie entre les arbres et les baigneurs, les baraquements et les embarcations.

Esquisser pour suggérer

Par endroits, le tableau s'apparente à une simple ébauche. Peut-être Monet a-t-il ici préparé une composition de plus vaste ampleur qui n'aurait finalement pas vu le jour ou qui aurait été perdue. Ce qui expliquerait l'étonnante liberté de facture de cette petite toile. À bien observer l'œuvre, il apparaît assez vite qu'elle n'est formée que de deux zones opposées plutôt que juxtaposées, la rive et la rivière obéissant à une répartition verticale brisée par l'horizontalité tranchante de la passerelle. Ayant déterminé les grandes zones de lumière et de couleur qui parachèvent la mosaïque de son projet, Monet allume partout les étincelles d'une illumination rutilante pour suggérer sans décrire. Les baigneurs sont ainsi réduits à quelques éclats fugaces, à quelques touches fragmentées, à partir desquelles l'expérience et la mémoire visuelles sont seules à autoriser la reconstitution des silhouettes éphémères goûtant les délices de la baignade. Ce tableau, enfin, ne vaut pas seulement par son extraordinaire réussite artistique ; en fixant l'instant d'un bonheur discret, délicat, le peintre impressionniste fige à jamais la mémoire d'une époque fragile, appelée à bientôt disparaître dans les tumultes de la guerre franco-prussienne.

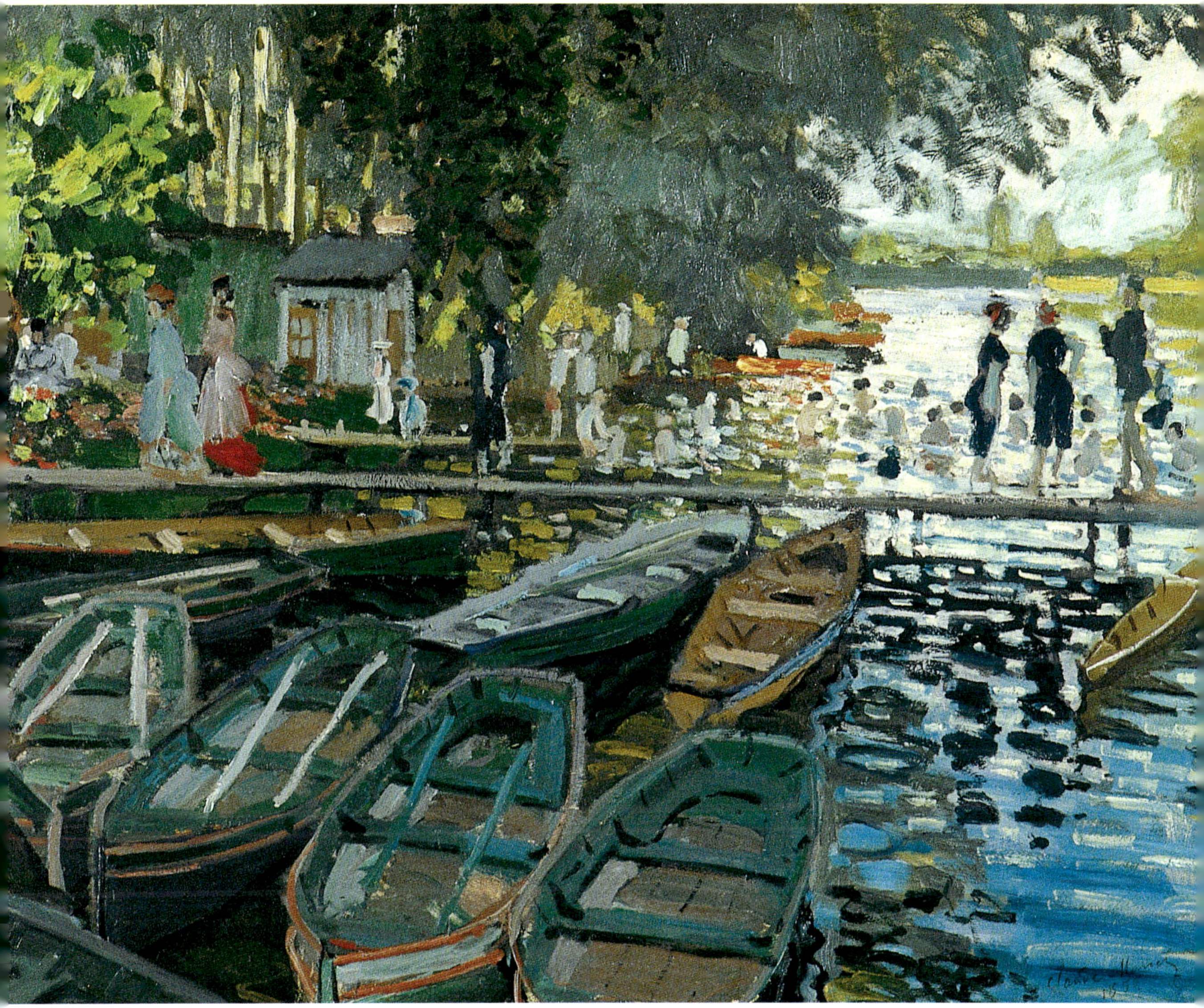

1869,
huile sur toile,
73 x 92 cm,
National Gallery,
Londres

Le coup de génie

Rien ne semble plus révélateur de l'esthétique du jeune Monet que la comparaison entre les silhouettes de la partie gauche du tableau et celles de sa partie droite : de vives couleurs qui détachent les premières du fond sylvestre, alors qu'un jeu d'ombres chinoises fait surgir les deuxièmes de la surface miroitante du fleuve.

Hôtel des Roches Noires, Trouville

Entre indifférence et pressentiment

Symbole de la prospérité du Second empire, villégiature privilégiée de la grande bourgeoisie du temps, future résidence estivale de Marcel Proust, le prestigieux hôtel des Roches Noires, fleuron du patrimoine du littoral normand (il est classé depuis 2001), retient l'attention de Monet au cours de l'été 1870. Tout récemment marié à Camille, l'artiste séjourne alors à Trouville, y retrouvant le cadre de ses premières peintures en plein air, réalisées en compagnie de son seul vrai maître, Eugène Boudin.

Le temps de l'appréhension

Dans sa simplicité lumineuse, cette composition n'est pas sans mystère. Le ciel y est d'un bleu profond, le soleil en illumine l'atmosphère, les promeneurs de la terrasse la frappent du sceau de l'élégance aisée. D'où vient alors la sourde inquiétude qui alerte pourtant le spectateur ? En premier lieu, il faut rappeler que Monet peint un établissement dont ses modestes revenus lui interdisent l'accès ; lui-même loge à l'hôtel Tivoli, aux tarifs infiniment moins prohibitifs. De la même façon, les silhouettes distinguées de la terrasse attestent l'existence d'un monde auquel le jeune homme rêve d'appartenir sans être encore sûr d'y parvenir. Enfin, une appréhension collective pèse sur tout le pays, entré en guerre avec la Prusse le 19 juillet. Tous ces éléments se conjuguent probablement pour expliquer la teneur assez sombre d'une vision qui ne devrait renvoyer qu'aux joies de l'été... pour ceux qui ont la chance d'y goûter.

Priorité à la peinture

De façon plus prosaïque, le peintre espère sans doute trouver un acquéreur parmi ces estivants qu'il brosse d'un pinceau si désinvolte. Mais ni la force du pressentiment, ni la contrainte matérielle ne le conduisent à la moindre concession. La peinture, avant tout. Aussi la touche se signale-t-elle par sa rapidité, sa vigueur et sa spontanéité, valeurs mises au service d'un frémissement troublant de l'atmosphère. Dans l'étroitesse de ce format tout en hauteur, les drapeaux claquent au vent, les nuages courent dans le ciel. Pourtant, de façon assez curieuse, les badauds de la terrasse ne semblent nullement ressentir les effets de ces bourrasques ; dans ce climat de surprenante indifférence, les saluts restent empreints de solennité, les ombrelles et les robes réfléchissent la lumière sans rien révéler de la vigueur des brises marines.

LE COUP DE GÉNIE

D'un côté, l'agrégat puissant des lourdes façades dirigées par une stricte perspective, de l'autre les nuages et les oriflammes animés par le vent du grand large. De cette confrontation du massif et de l'immatériel naît la dynamique d'une vision contradictoire, miroir possible des désordres agitant l'esprit de Monet en cette époque confuse.

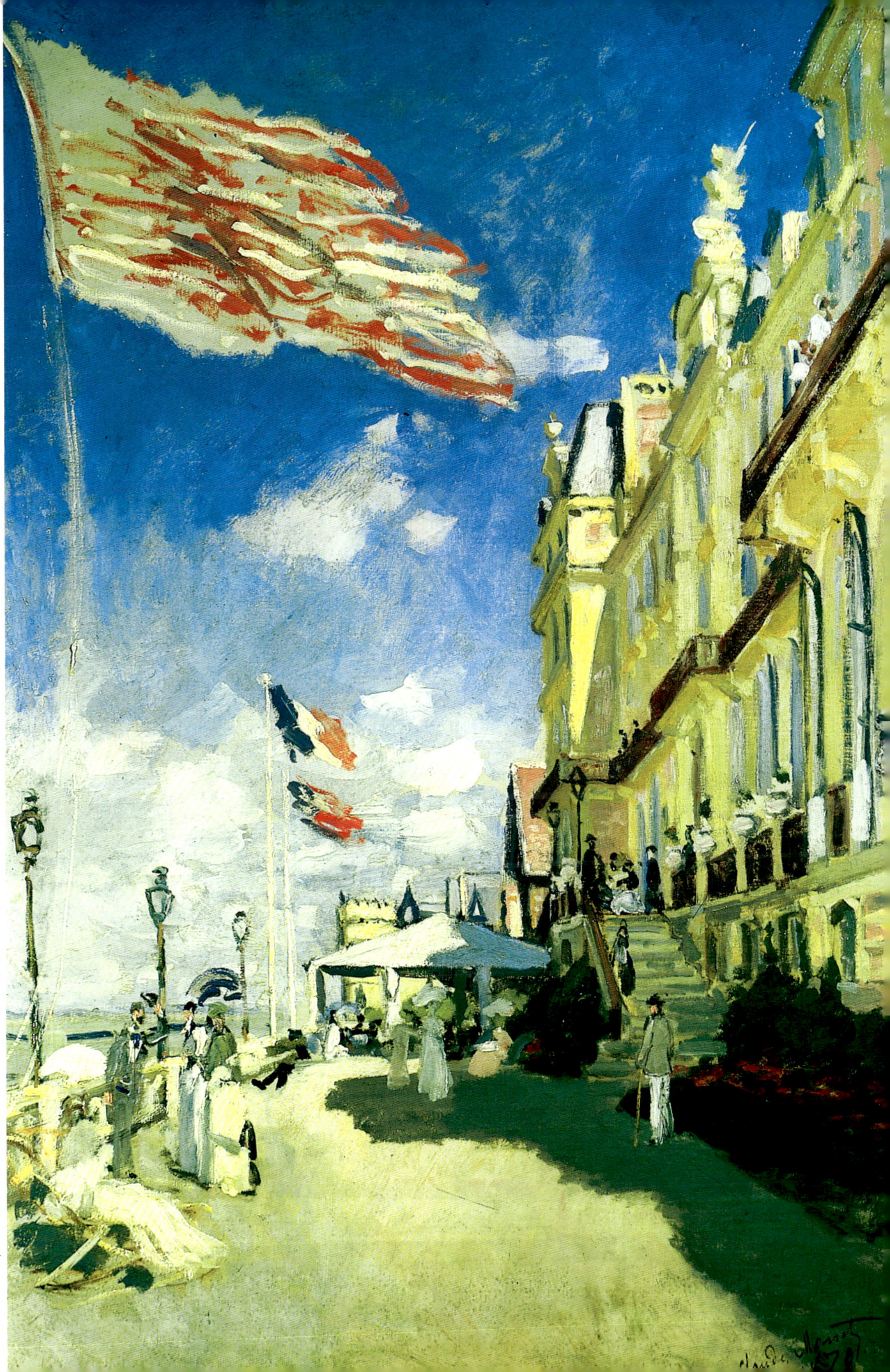

1870,
huile sur toile,
81 x 58,5 cm,
musée d'Orsay

Impression, soleil levant,
Capter l'insaisissable

1874 : à l'exposition organisée par le photographe Nadar, Claude Monet présente une toile intitulée au dernier instant *Impression, soleil levant*. Hilare, le critique Louis Leroy s'empare du mot pour son reportage du 28 avril dans *Le Charivari* : « Que représente cette toile ? Voyez au livret : *Impression, Soleil levant*. Impression, j'en étais sûr. Je me disais aussi, puisque je suis impressionné, il doit y avoir de l'impression là-dedans… » Une fois encore, il revient ainsi à l'ennemi d'un grand courant artistique – en l'occurrence l'impressionnisme – de le baptiser pour la postérité.

La force du flou

En 1872 si l'on en croit la date reportée sur le tableau par l'artiste (un ou deux ans plus tard, selon certains historiens), c'est au hasard d'un séjour dans la ville du Havre en 1872, que cette toile de modestes dimensions, intitulée dans un premier temps *Marine*, aurait été esquissée en quelques heures. Avec une seule préoccupation : saisir l'impalpable lumière du jour sur les eaux d'un port qui en fait scintiller les innombrables reflets. Dans cette mouvance lumineuse, il est bien difficile de distinguer la frontière entre la mer et le ciel. Dans cet univers de petites touches horizontales à dominante bleue, le regard du spectateur vacillerait si Monet ne lui proposait pas les repères rassurants de la barque indéterminée et du soleil incertain. Pourtant, que de force dans le flou de cette scène brumeuse, que de vigueur dans la genèse de cet univers tout de lumière naissante !

La lumière plutôt que la couleur

À bien observer l'œuvre, il apparaît que la palette en est d'une déroutante complexité, alors même que les couleurs en restent particulièrement discrètes. C'est que l'artiste n'utilise pas le vert, le rose ou le bleu par souci naturaliste, mais uniquement pour créer l'illusion d'une lumière tremblante et surnaturelle. Monet lui-même avait conscience du caractère expérimental de son œuvre, glissant plus tard, au journaliste de la *Revue illustrée* : « Le paysage n'est qu'une impression, et instantanée. J'avais envoyé une chose faite au Havre, de ma fenêtre, du soleil dans la buée et au premier plan quelques mâts de navires pointant. On me demande le titre pour le catalogue, ça ne pouvait pas passer pour une vue du Havre, je répondis : « Mettez *Impression* ». La perplexité, voire l'hostilité, des premiers spectateurs de ce chef d'œuvre fut finalement le signe d'une certaine lucidité : indiscutablement, la peinture était ici à un tournant de son histoire !

LE DÉTAIL ÉTONNANT

Dans la lumière évanescente de l'aube maritime, tout n'est que mosaïque allusive de formes, de couleurs et de lumières. Le détail de la barque centrale, seul témoignage explicite d'activité humaine, assure l'unité organique et la cohérence visuelle de l'ensemble.

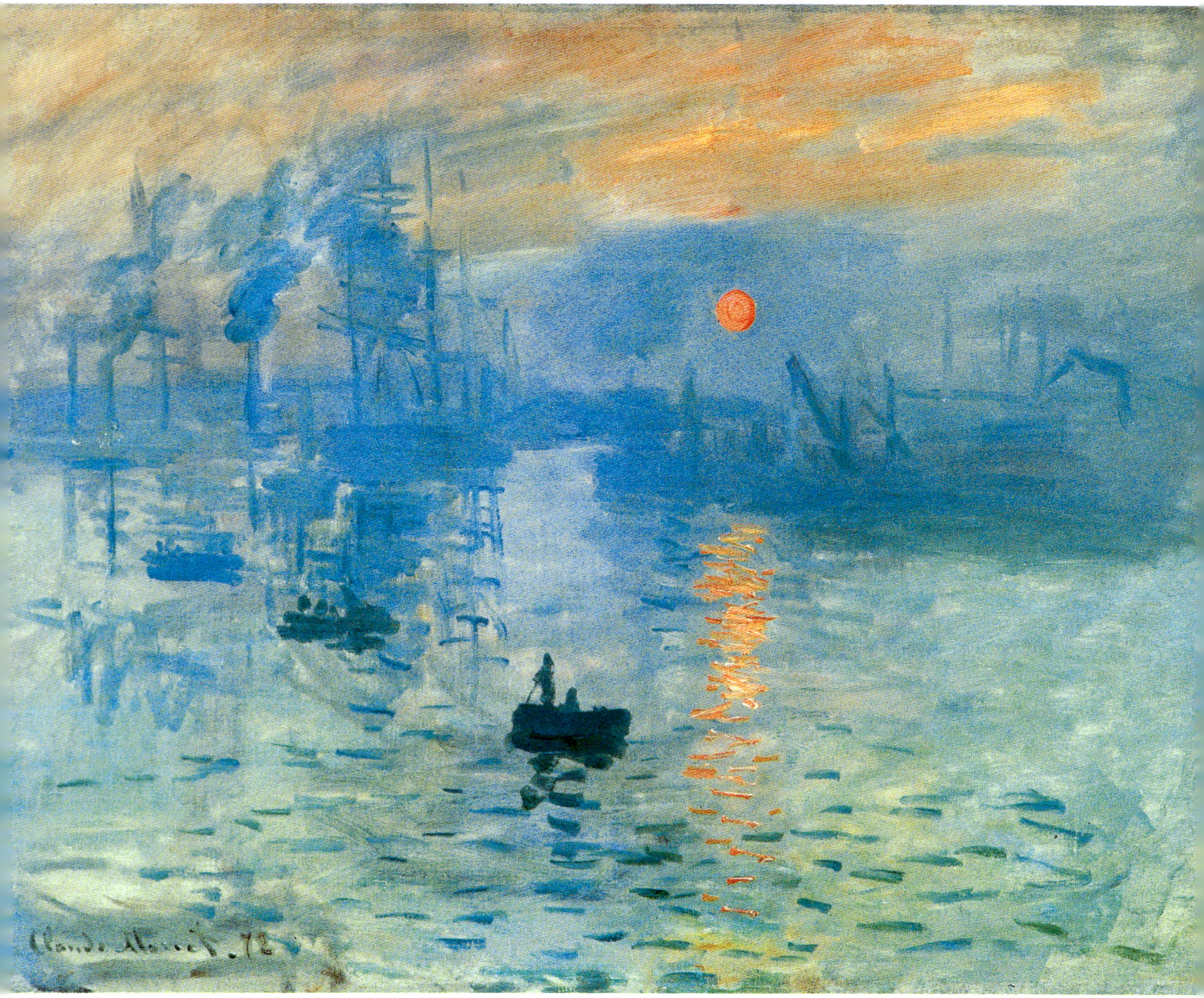

1872,
huile sur toile,
48 x 63 cm,
Musée Marmottan

*« Plus je vais plus je regrette le peu que je sais.
C'est cela qui me gêne le plus, c'est certain ».*

Claude Monet

La Liseuse,
La construction par la lumière

Au sortir des terribles années de la guerre franco-prussienne et de la Commune, qu'il a pour l'essentiel passées en Angleterre et aux Pays-Bas, Claude Monet revient à Paris. En janvier 1872, il s'installe avec sa famille, dans la proche banlieue d'Argenteuil, désireux de s'assurer la proximité immédiate de la nature. C'est donc en plein air, dans un jardin printanier, qu'il exécute ce portrait d'une jeune lectrice, dont il est possible, mais non attesté, que le modèle soit à nouveau Camille.

L'obsession de la lumière

Plus encore que dans les paysages normands, tout l'effort du jeune peintre semble porter sur le relevé des effets de lumières les plus passagers, les plus subtils, condition nécessaire à la restitution frissonnante d'une végétation sensible et décorative. Dans le calme immobile de son atelier, comment suivrait-il avec une telle fidélité la mouvance de la nature sous le soleil ? C'est par la grâce de sa touche rapide et de ses ombres colorées, que Monet anime ici le plus simple des sujets, jusqu'à la dissolution des détails, condition d'une vision inédite. Désormais, toute la production du peintre sera marquée par l'interrogation anxieuse, parfois obsessionnelle, de la lumière en tant que paramètre principal du tableau.

La leçon d'Eugène Boudin

Face à la représentation de cette jeune lectrice si poétiquement discrète, le souvenir revient des sentences d'Eugène Boudin, de ses tout premiers conseils à son jeune disciple : « Tout ce qui est peint directement et sur place a toujours une force, une puissance, une vivacité de touche qu'on ne retrouve plus dans l'atelier ». Ou encore : « Trois coups de pinceau d'après nature valent mieux que deux jours de travail au chevalet ». Sans doute est-ce à la franchise de cette quête qu'est dû le singulier retrait du personnage, dont le visage et les mains, « parties nobles » de l'art académique, se dissolvent dans l'ombre alors que la robe largement étalée et les herbes chatoyantes du premier plan rivalisent d'éclat. Ce n'est pas un hasard si l'œuvre sera acquise, un peu plus tard, par la grande artiste Mary Cassatt, sans doute plus à même que les critiques officiels, mandatés par la presse, de discerner la part de génie dans cette apparition éphémère et mélancolique.

LE COUP DE GÉNIE

Le kaléidoscope lumineux formé par la robe de la jeune femme est l'un des plus beaux morceaux de peinture de Claude Monet.
La lumière y palpite en touches ruisselantes, donnant une légèreté presque surnaturelle au tissu vaporeux. Émile Zola ne s'y trompera pas, évoquant, en 1876 au sujet de ce tableau « la femme en blanc assise à l'ombre du feuillage et dont la robe est parsemée d'éclats de lumière, comme par de grosses gouttes ».

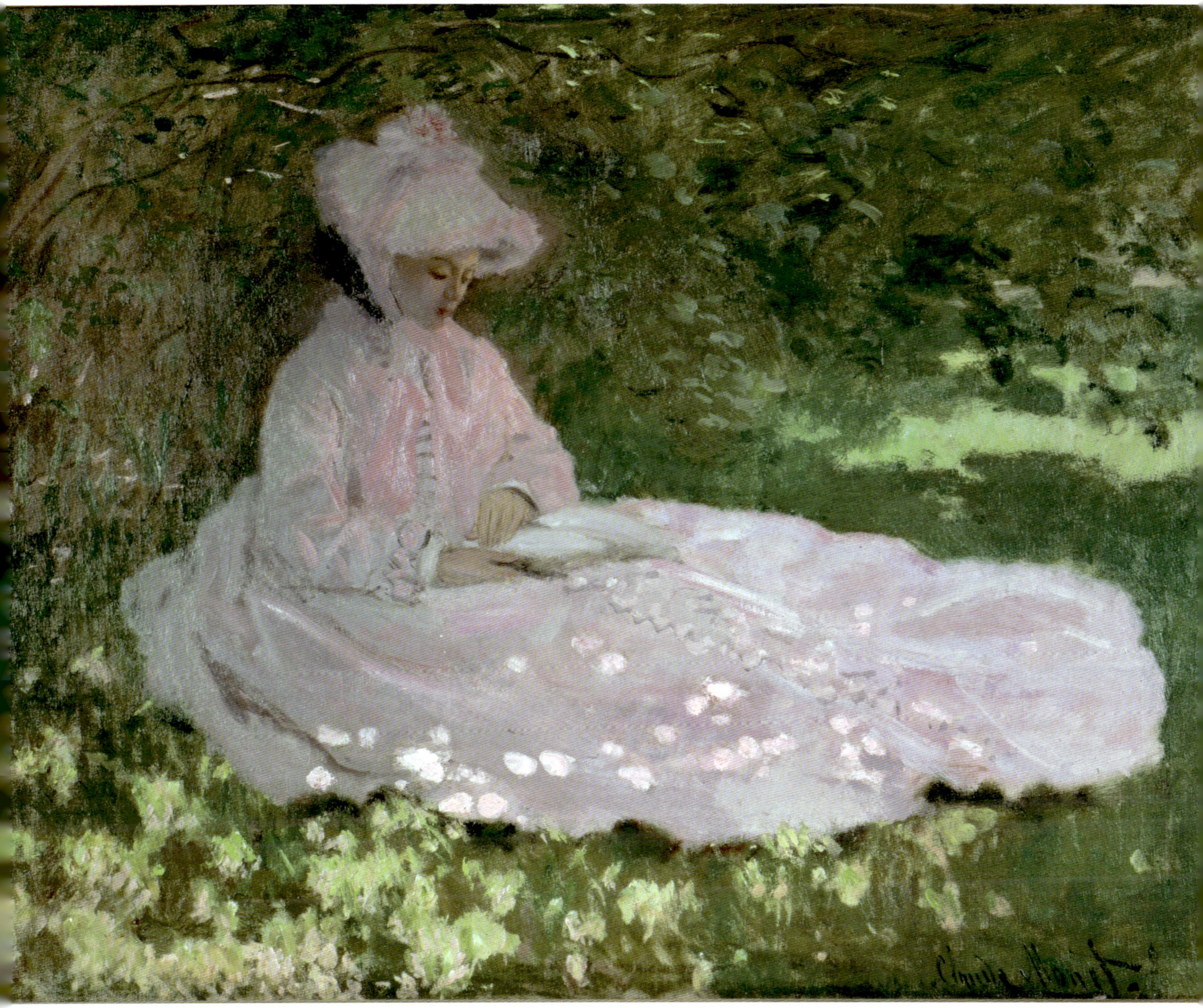

1872,
huile sur toile,
50 x 65 cm,
Walters Art Gallery,
Baltimore

« À prendre le mot impressionnisme dans son sens le plus étroit, Monet aurait été le seul impressionniste, puisque seul il a été capable de mettre d'accord la théorie et la pratique dans l'art de rendre par la peinture, telles qu'il les reçoit, les impressions colorées qu'un œil peut recevoir. »

Rémy de Gourmont

Coquelicots,
Le refus du naturalisme

De 1871 à 1878, Monet réside à Argenteuil. D'une part ce long séjour campagnard est plus en rapport avec ses moyens financiers qu'un séjour parisien, d'autre part il trouve dans les environs du bourg une gamme infinie de sujets et de motifs variant avec le passage des heures et des saisons. Présentée à l'exposition de 1874, *Coquelicots* reste probablement l'œuvre la plus significative de cette époque.

Une vision libérée

La poésie qui émane du tableau, intense, mélancolique, vient en grande partie du refus naturaliste de l'artiste. C'est pour cette raison que le double couple femme/enfant (la femme et le fils de Claude), placé sur un axe diagonal séparant la toile en deux parties égales, n'obéit pas aux lois de la perspective qui devrait les proportionner en fonction de leur éloignement. Et c'est par le même refus de naturalisme, que les coquelicots ondoyant et dansant dans la brise sont eux restitués par des taches démesurées, sans rapport avec leur taille réelle. Le tout dans un climat de profonde sérénité contrarié par la marche tumultueuse des nuages qui assombrissent le paysage du fond. L'artiste parvient désormais à sa pleine période d'épanouissement, d'autant plus qu'il commence à pouvoir compter sur l'appui financier du marchand Paul Durand-Ruel.

La lumière du plein air

Pourquoi peindre en plein air, sinon pour interroger la nature, percer les secrets de sa lumière, la mouvance de ses éléments, bref, tout ce qu'il est impossible de restituer dans le cadre de l'atelier ? Face au champ de coquelicots, Monet ne se contente plus de figurer ce que le regard transmet à l'esprit. Mettant à profit l'invention des tubes métalliques de peinture, c'est en pleine nature qu'il relève les sensations dispensées par le cadre champêtre. Il n'hésite ni à diluer les contours, ni à donner la primauté à l'impression reçue de la nature plutôt qu'à la réalité objective de cette même nature. Cette leçon, il la doit à Boudin, son premier maître. Plus tard, dans *Le Havre-Éclair* du 1er août 1911, il évoquera encore l'exemple de son aîné visionnaire : « Boudin installe son chevalet et se met au travail. Je le regarde avec quelque appréhension, je le regarde plus attentivement, et puis ce fut tout à coup comme un voile qui se déchire : j'avais compris, j'avais saisi ce que pouvait être la peinture. »

LE COUP DE GÉNIE

Animé par le même souffle qui soulève les rubans des chapeaux et disperse les nuages au ciel, les coquelicots n'ont d'autre réalité que fugace et discontinue. Pour en assurer l'effet, Claude Monet procède par habile dégradation de l'intensité de sa palette, du rouge sanglant qui signale le premier plan jusqu'aux nuances perdues des confins champêtres.

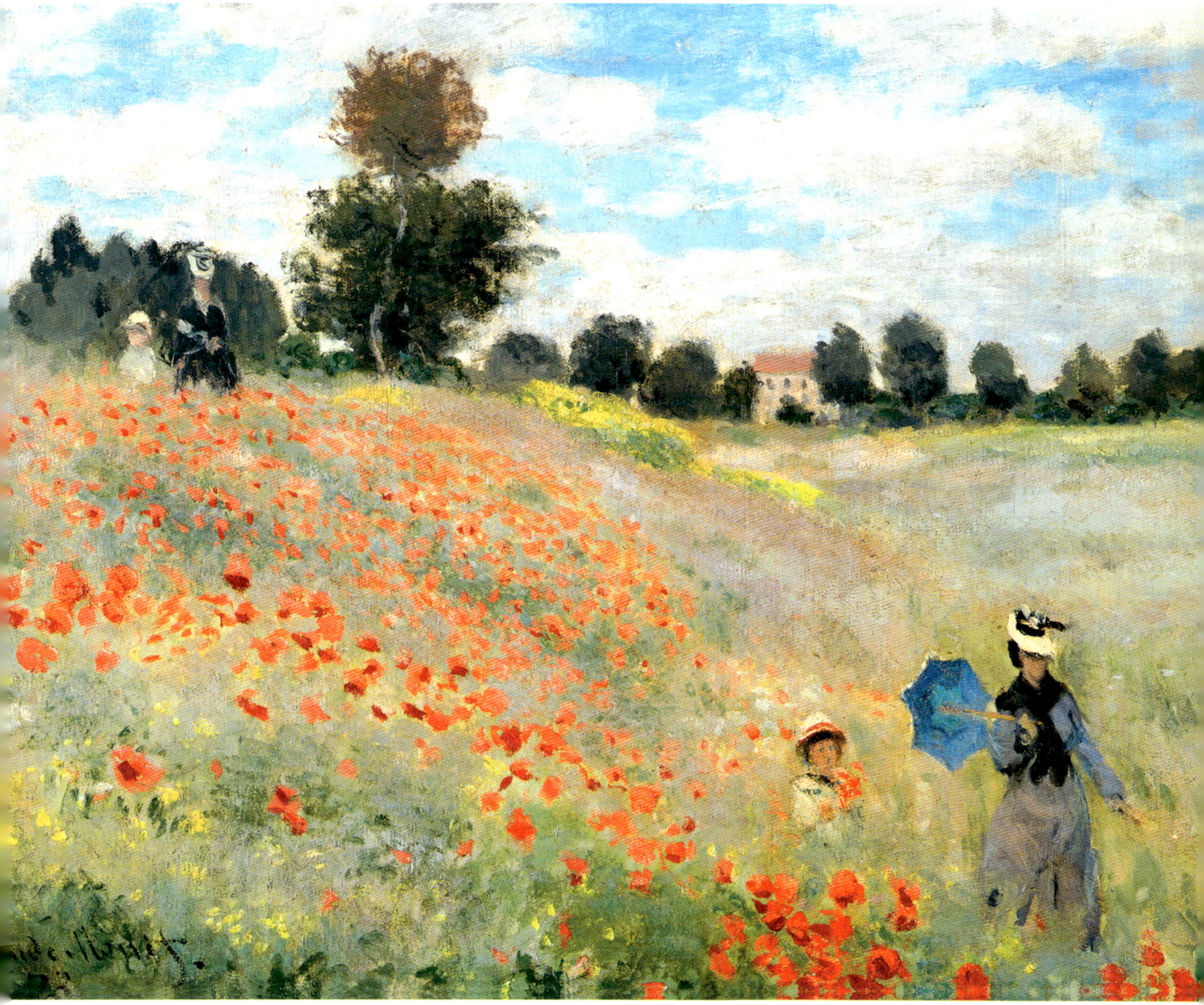

1873,
huile sur toile,
50 x 65 cm,
musée d'Orsay

« L'art disparaît, s'efface, et nous ne nous trouvons plus qu'en présence de la nature vivante complètement conquise et domptée par ce miraculeux peintre. »

Octave Mirbeau

Le Déjeuner,
Les plaisirs et les jours

Présentée en tant que panneau décoratif sur les cimaises de la deuxième exposition impressionniste, en avril 1876, cette toile fait exception dans l'œuvre de Monet par son grand format, un grand format auquel le peintre a précisément renoncé dès la trentaine. Contemporain des vastes compositions décoratives destinées au château de Rottenbourg, propriété d'Ernest et Alice Hoschedé, *Le Déjeuner* se distingue au premier regard par l'émouvante simplicité de son sujet.

Un instantané familial

Rien de moins exotique, en effet, que ce charmant tableau de la vie quotidienne. Occupant solidement le premier plan, la table du déjeuner n'a pas encore été desservie, la coupe de fruits et les tasses ou verres vides attestant le caractère tout récent du repas. Plus près encore du spectateur, la desserte, audacieusement coupée à mi-hauteur, est dominée par un chapeau aux rubans pendants, oublié par son propriétaire à une branche de la partie supérieure. Sur le banc, d'autres signes de cette animation caractérisant la banalité des jours sans histoire : un parapluie fermé, un sac posé négligemment… Trace encore plus touchante de la paisible intimité familiale qui règne, le petit garçon des Monet, Jean, joue au sol, à l'ombre complice des massifs fleuris. Monet, à la même époque, produit plusieurs vues de son jardin, l'animant avant tout par la présence de sa jeune épouse et de son garçonnet.

Une imprécision détaillée

En dépit de sa taille, *Le Déjeuner* est exceptionnellement riche en détails, comme si le peintre avait cherché à répertorier tous les signaux visuels d'une existence idyllique à la campagne. Dans ce cadre étroit, fermé par la façade de la maison d'Argenteuil, l'œil est convié à une trajectoire enchantée de couleurs vives et de formes séduisantes qui, pour l'essentiel, se répartissent de part et d'autre de la grande diagonale unissant le coin supérieur gauche et le coin inférieur droit de la toile. Les variations lumineuses sur le drapé de la nappe, sur la robe de Camille ou sur la blouse du petit Jean ravissent le regard par leur variété tout en frappant l'esprit par la maîtrise technique dont elles témoignent. La délicatesse de la vaisselle et la douceur veloutée des fruits participent de cet enchantement, au même titre que la végétation en fête. Pourtant, la précision réaliste n'est pas au rendez-vous, la plupart des motifs (banc, massifs fleuris, branchages du premier plan, jeunes femmes en retrait) se signalant, bien au contraire, par un inachèvement savant, comme s'il revenait à la seule couleur de construire la scène. D'où le caractère de parabole qui signale ce grand tableau, une parabole qui dirait l'intensité mais aussi la brièveté du bonheur terrestre et inviterait à en jouir avant son irrémédiable disparition.

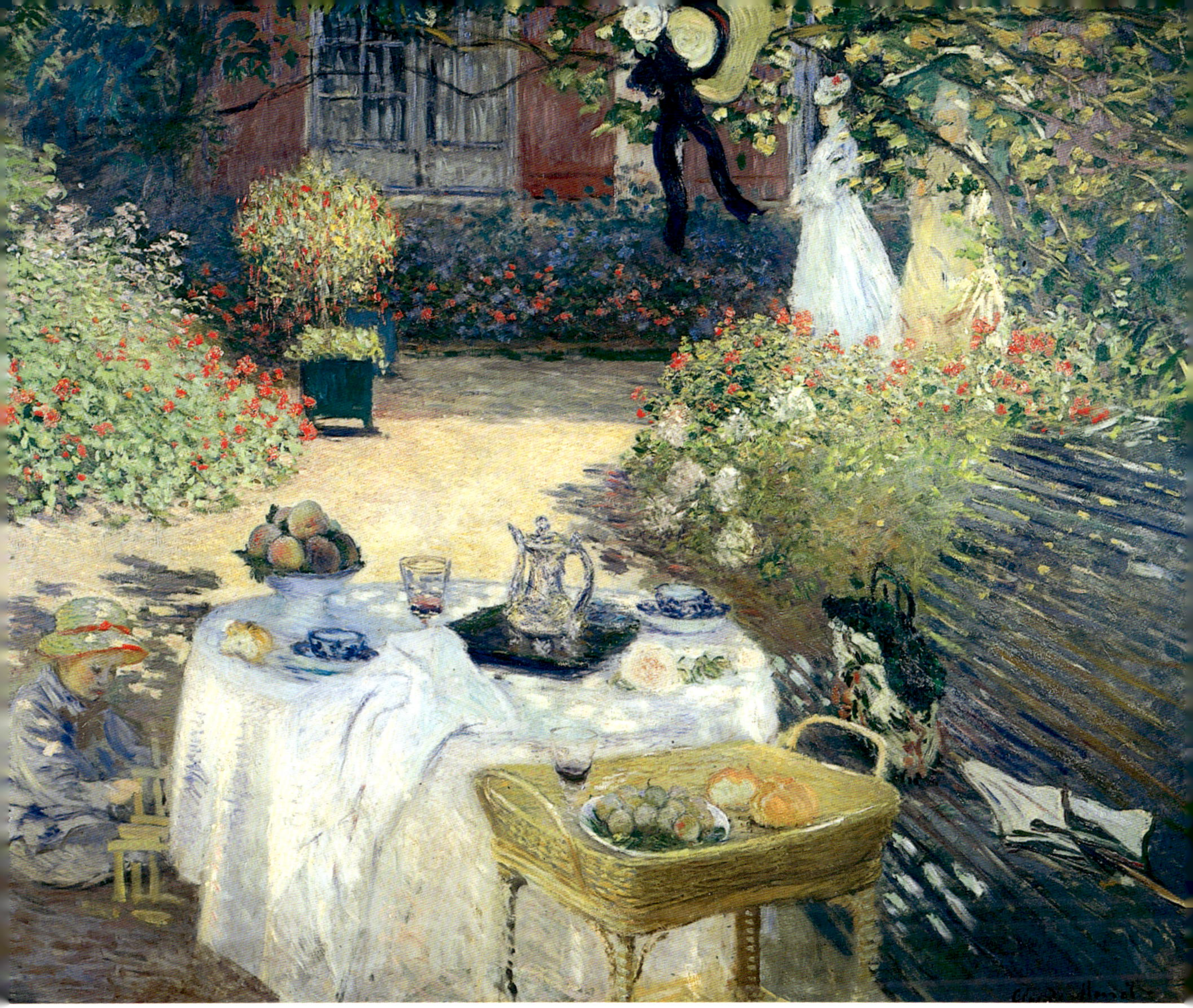

vers 1874,
huile sur toile,
160 x 201 cm,
musée d'Orsay

Le coup de génie

Le plus frappant dans cette évocation d'un quotidien familial apparemment heureux reste l'impression de mélancolie qui s'en dégage. À la solitude du petit Jean, sagement occupé à manier les petites lattes de son jouet de bois, répond l'isolement de sa mère, au fond, suivie par la silhouette indistincte d'unc invitée. Tout ici murmure la fragilité d'un bonheur aussi fugitif que la lumière qui l'enveloppe.

Le Pont du chemin de fer à Argenteuil,
Soleil, vapeur, mouvement

À partir de 1851, le réseau ferroviaire facilite les relations entre les provinces, les banlieues et Paris tout en transformant le paysage urbain et campagnard, du fait de la construction fiévreuse de voies, de gares, de viaducs et autres installations nécessaires à son fonctionnement. Installé à Argenteuil, Monet est ainsi fasciné par le tout nouveau pont qui franchit la Seine ; au cours de la seule année 1874, il en réalisera plusieurs versions.

La nature domestiquée

Les peintres impressionnistes ont tous accueilli avec un enthousiasme la modernité urbaine et industrielle, occasion de rappeler que leur amour de la nature ne les a pas incités à cultiver la nostalgie d'un âge champêtre prétendument ruiné par le progrès. Bien au contraire, et cette toile de Monet en fait foi, ils découvrent dans le développement du réseau ferroviaire une veine inespérée ; d'un côté, le nouveau mode de transport les autorise à de fréquents et lointains allers et retours entre ville et campagne, d'autre part le chemin de fer est en lui-même une mine de nouveaux sujets. Ici, par exemple, il a nécessité le lancement d'une puissante passerelle sur le fleuve, une passerelle dont les formes rigides et les solides matériaux contrastent brutalement avec la fluidité de la rivière et les nuées du ciel. C'est donc à la lumière qu'il revient de donner toute sa cohésion à l'œuvre, une lumière unitaire mais variée en fonction des objets qui la reflètent. C'est pour cela que les surfaces inébranlables du pont ne reçoivent pas le même traitement que la surface mouvante de l'eau, que la fumée se démarque nettement des nuages, et que les herbes elles-mêmes ne réfléchissent pas la même lumière que les feuilles des arbustes.

Une dynamique statique

Dans le décor paisible fermé par les deux rives verdoyantes et solitaires du fleuve, le mouvement du train semble ne rien perturber. Son passage discret, presque furtif, est surtout signalé par le panache de vapeur obscurcissant un coin du ciel et le spectateur s'aperçoit assez rapidement que les vrais éléments dynamiques de la vision ne sont finalement que les clapotements de l'eau contre les piles du pont. Encore une fois, c'est par la variété de ses touches rapides que Monet réussi à résoudre le paradoxe d'une dynamique immobile tout en accentuant la force du mouvement suggéré par l'usage de fortes diagonales divergentes. De ce point de vue, il est révélateur que l'artiste renonce ici à solliciter l'animation artificielle d'un petit voilier, subterfuge auquel il recourt cependant pour une toile homonyme – et quasiment identique – qu'il réalise la même année, et qui est aujourd'hui conservée par le Museum of Art de Philadelphie.

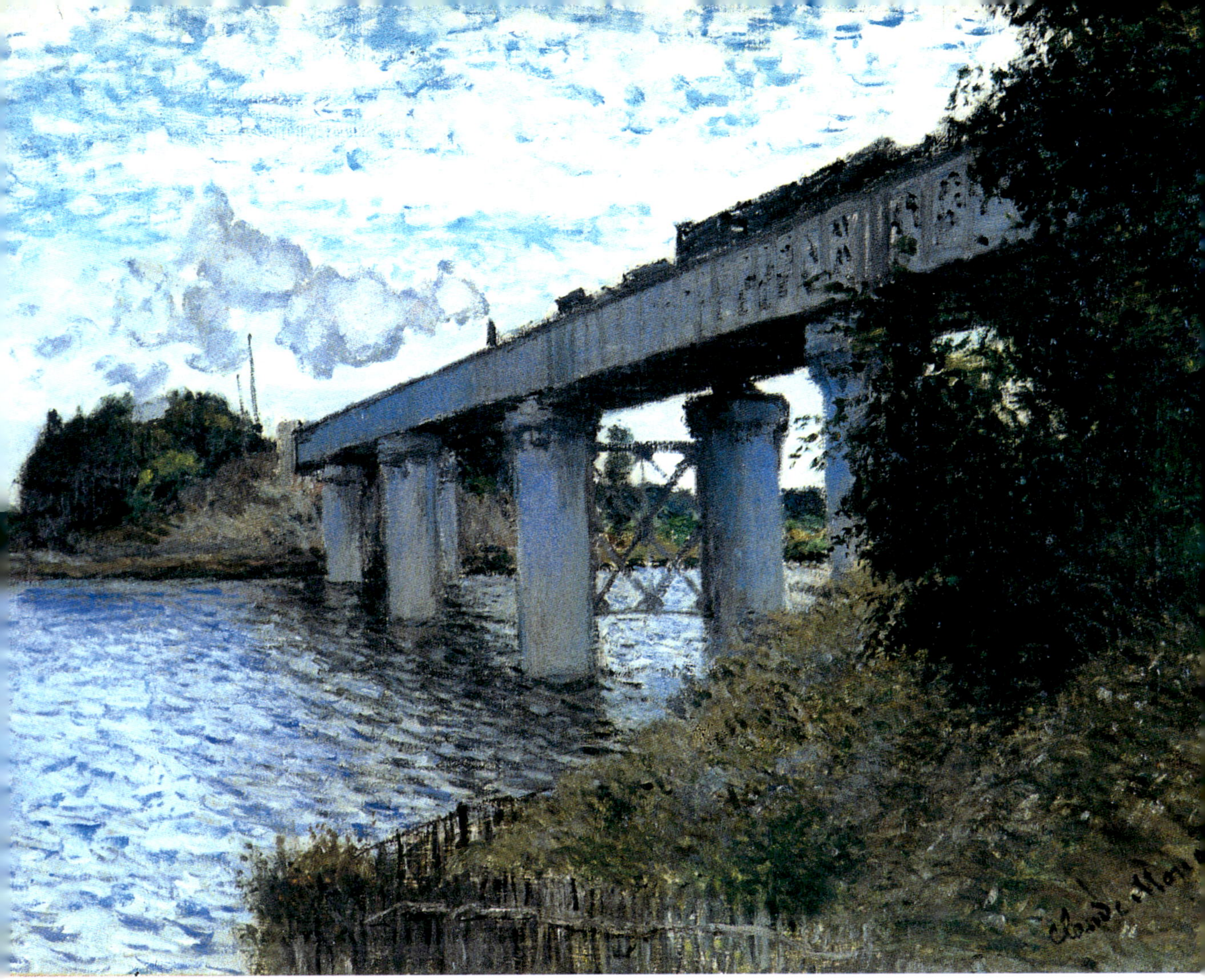

1874,
huile sur toile,
54 x 71 cm,
musée d’Orsay

Le coup de génie

Trente ans plus tôt, sur fond de paysage brumeux et pluvieux, Turner avait donné à voir, avec *Pluie, vapeur, vitesse*, le passage d’une locomotive sur un pont enjambant la Tamise. Dans cette peinture, tout était centré sur la masse incandescente de la locomotive jaillissant d’un rideau de pluie. Ici, Monet prend le parti exactement inverse ; la vue est en contre-plongée, le pont masque le train et le jour est calme. Mais c’est avec une ferveur égale à celle de son illustre aîné anglais que le peintre français exalte sans nostalgie la poésie de la modernité industrielle.

Les barques, régates à Argenteuil, « faire de l'insaisissable »

Nul lieu n'eût été plus propice à la peinture des régates que le bassin d'Argenteuil, vaste étendue d'eau dynamisée par un courant qui contraint l'homme à lutter contre lui par l'action du vent. Dans les années 1870, il y a là une source inespérée pour l'artiste, qui multiplie les tableaux aquatiques, profitant de la venue dominicale, par le train pour l'essentiel, des nombreux plaisanciers parisiens.

L'exemple des régates

Avant même ce long séjour à Argenteuil, l'extraordinaire sensibilité de Claude Monet aux effets particuliers de la lumière, notamment lorsqu'ils sont provoqués par le passage des nuages, avait fait de lui l'indiscutable meneur du groupe impressionniste. Mais l'attention du peinture est aussi retenue par les jeux de couleurs agitant la surface des étangs et des cours d'eau comme celle des rives champêtres, en un mot par tout ce qui fait que la nature change constamment dans le regard de l'observateur. Logeant en banlieue, il n'a que quelques pas à faire pour retrouver la Seine, une rivière qu'il ne se lasse jamais de scruter et dont il guette inlassablement toutes les vibrations lumineuses et colorées. Peu de séries en portent mieux le témoignage que celle des régates. Sans posséder encore le caractère systématique des futures meules ou cathédrales de Rouen, ces hommages à la féerie des activités de plaisance forme un répertoire inépuisable de formes et de nuances sans égal dans l'œuvre du peintre.

Du plein air au grand vent

Sur cette toile de dimensions relativement importantes, l'artiste semble avoir laissé courir ses brosses et pinceaux au gré de touches fractionnées, brèves ou allongées. C'est en usant de cette technique qu'il parvient à joindre à la liberté du plein air l'énergie du vent qui gonfle les voiles et le contraint probablement à tenir d'une main ferme son chevalet portatif ! Au loin, sur la ligne de séparation de la rivière et du ciel, les voiles, bien qu'unies dans le même halo, présentent une étonnante variété de couleurs claires et discrètes. Diaphanes et vaporeuses, elles contrastent avec la silhouette obscure et massive de l'arbre planté au-dessus des maisons vers lesquelles elles semblent se diriger, en contraste frappant avec l'immobilité de la barque aux canotiers.

LE COUP DE GÉNIE

Obsédé par le problème d'une restitution fidèle de la fluidité de l'eau et de l'immatérialité de l'air, restitution contrariée par les perpétuelles mouvances de l'éclairage naturel, Monet prend conscience du combat que se livrent surses toiles la couleur et la lumière. Ce qu'il résume d'une formule lapidaire : « Je veux faire de l'insaisissable. C'est épouvantable, cette lumière qui se sauve en emportant la couleur. »

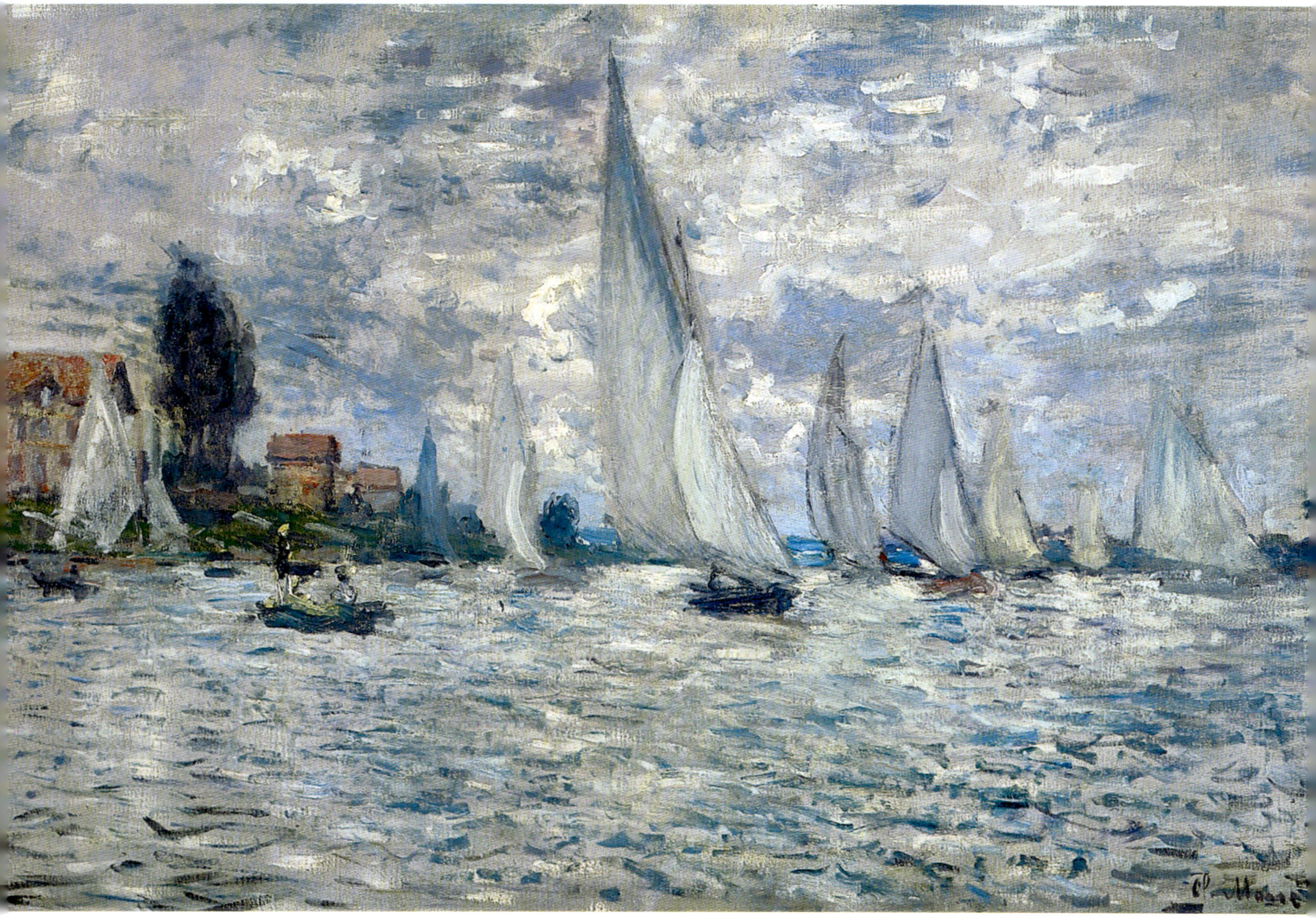

1874,
huile sur toile,
60,5 x 100,5 cm,
musée d'Orsay

« Il est un des seuls peintres qui sachent peindre l'eau, sans transparence niaise, sans reflets menteurs. »

Émile Zola

Les déchargeurs de charbon,
La banalité transfigurée du monde du travail

Des métayers des frères Le Nain aux constructeurs de Fernand Léger en passant par *La Pourvoyeuse* de Chardin ou par *Les Casseurs de pierres* de Courbet, tout un pan de la tradition artistique française répertorie les attitudes de l'homme au travail. Longue est donc la liste des artistes ayant consacré une part significative de leur production à la représentation du monde du travail. Mais c'est dans la deuxième moitié du XIXe siècle que cette préoccupation inspire le plus grand nombre de peintres.

Un témoin désengagé

Sans avoir jamais manifesté une véritable sollicitude sociale, Monet est à l'écoute de son siècle. Lecteur de Zola, il ne peut rester étranger à la vie ouvrière de sa cité. Aussi, tout au long de son séjour à Argenteuil, de 1871 à 1878, ne manque-t-il pas d'observer l'intense activité des rives industrieuses de la Seine. Nous sommes ici dans le port d'Argenteuil, à quelques pas du pont routier d'Asnières ; loin des frivolités de la baignade et de la régate, le fleuve est le lieu d'un morne travail de transbordement. Jusqu'au lointain pont de Clichy fermant l'horizon, les cheminées d'usines rappellent l'importance manufacturière de cette banlieue qui assure les commodités modernes de la capitale. Les hommes ploient sous le poids des sacs de charbon destinés à l'alimentation énergétique des fabriques voisines. Mais on ne trouvera ici nulle trace de dénonciation sociale, nulle allusion à l'aliénation des masses populaires par un labeur dont elles bénéficient si peu. Monet n'est pas homme à s'apitoyer sur le sort des humbles ; loin du militantisme d'un Courbet ou d'un Daumier, il restera toute sa vie indifférent aux problèmes de société.

Une conception purement picturale

Cependant, le refus de délivrer un message n'ôte pas toute signification à l'œuvre. Par l'usage d'une morne palette, par l'incognito des silhouettes, par la massivité du pont dont la chape pèse sur la scène, Monet propose une équivalence visuelle de la fatalité sociale qui divise si profondément la société de son temps. Rien de plus révélateur en ce sens que le choix du charbon, symbole de la révolution industrielle, mais aussi matériau dégradant pour ceux qui en subissent les salissures et la désastreuse poussière, source de graves maladies. Reste que l'œuvre est une réussite picturale, magnifiquement ordonnée par les diagonales des péniches sous la grande arcade du pont ; une disposition qui n'est pas sans rappeler l'esthétique poétiquement factice des estampes japonaises, que plusieurs surréalistes découvriront la férocité des démons internes et la nécessité, pour y échapper, de faire exploser « l'infracassable noyau de nuit ». Quant à la palette de cette composition, c'est surtout par l'austérité de ses mornes tonalités - mosaïque incertaine de gris et de vert aux multiples nuances, évoluant de l'obscurité à la clarté - qu'elle se caractèrise, marquant toute la scène d'une lassitude maussade et de tristesse résignée.

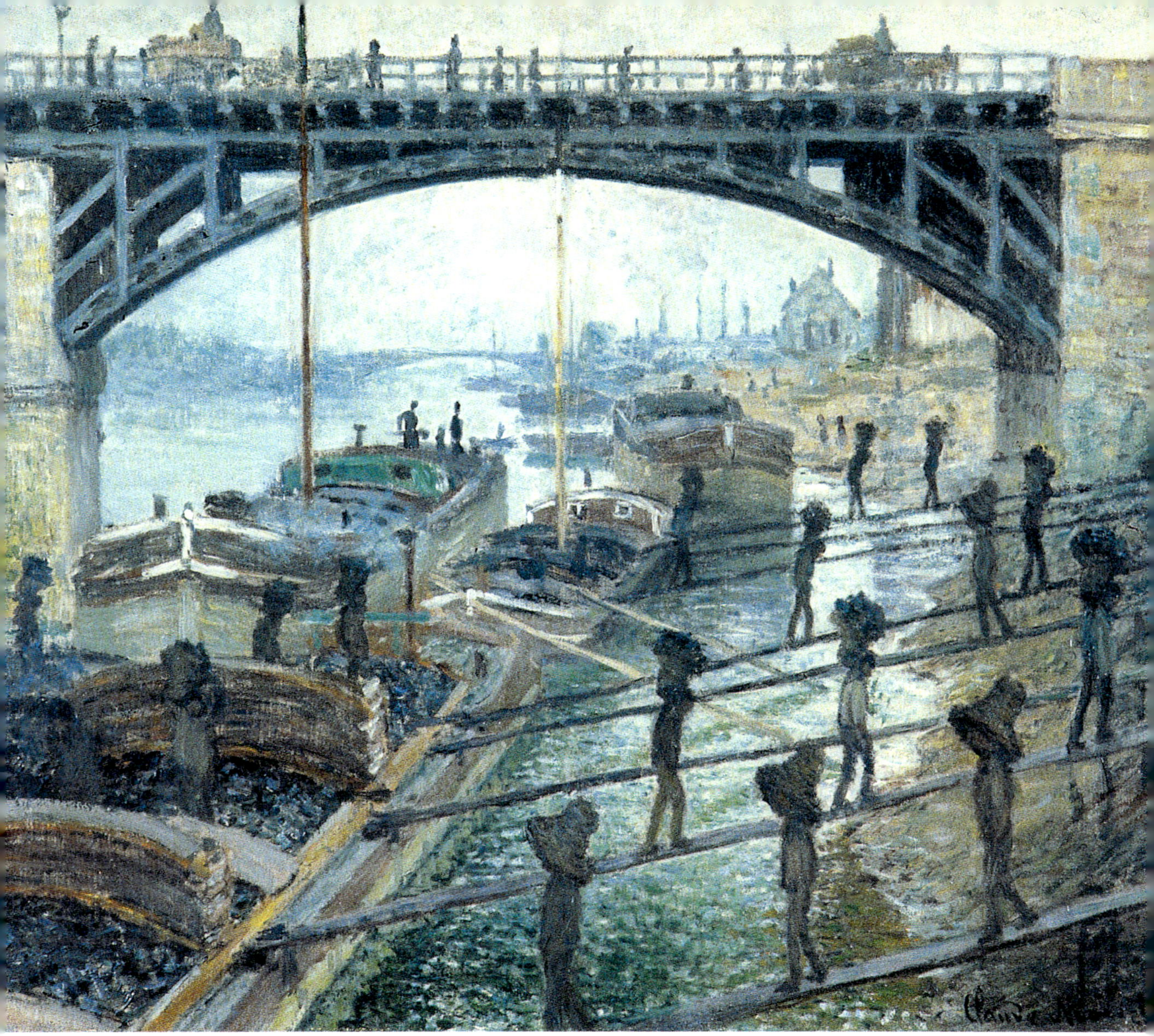

1875,
huile sur toile,
54 x 66 cm,
musée d'Orsay

Le détail étonnant

En bas à droite, c'est à un étonnant spectacle que le peintre convie son spectateur. Découpées par le contre-jour en ombres chinoises, anonymes et résignées, les silhouettes évoluent en files parallèles, par mouvement contraire, au rythme implacable du déchargement. Une image qui, de Platon à Camus, évoque tous les auteurs s'étant penchés sur l'absurdité de la condition humaine et des contraintes inhérentes à sa destinée.

La Promenade, la femme à l'ombrelle, La mémoire de Camille

Peut-être Monet a-t-il donné là le plus beau portrait de son modèle de prédilection, Camille Léonie Doncieux, qu'il a épousée et qui est la mère de ses deux fils. Rien n'atteste mieux le rôle capital de cette dernière dans la carrière de Monet que l'abandon du genre du portrait par le peintre après la mort de la jeune femme, disparue en 1879, à l'âge de trente-deux ans.

Du modèle à la muse

Les deux jeunes gens s'étaient rencontrés à Paris, en mars 1865. La petite modèle venue de Lyon et l'artiste prometteur arrivé du Havre avaient formé un véritable couple dès 1867, en dépit de l'hostilité de la famille Monet. Mariés en 1870, Claude et Camille auront deux fils, Jean (qui apparaît ici aux côtés de sa mère) et Michel, venu au monde un an avant la mort de Camille, victime d'un cancer de l'utérus. Également modèle d'Édouard Degas et d'Auguste Renoir, la jeune femme a toujours puissamment stimulé l'inspiration des artistes. Cependant, c'est évidemment chez Claude Monet que cette influence aura joué le plus. Il est difficile de savoir pour combien d'œuvres le peintre l'a sollicitée, le flou fréquent des traits et de la silhouette n'autorisant pas une identification assurée. Mais tous les témoignages du temps concordent pour rappeler avec quelle fiévreuse insistance Claude ne cessait de lui réclamer des attitudes différentes, dans des endroits différents, sous des lumières différentes, avec des vêtements différents ! Jamais, semble-t-il, elle n'en marqua la moindre humeur ou impatience.

Lumière et tourment

Dans *La Promenade*, l'effet de contre-plongée confère au double portrait de Camille et du petit Jean une allure imposante, presque solennelle. Camille, notamment, se détache avec force du socle herbeux brillant de mille teintes pour se projeter dans le ciel qui occupe les deux tiers supérieurs du tableau. Sa robe tourbillonnante révèle la force du vent qui agite les nuées, mais c'est du soleil qu'elle se protège sous son ombrelle. La lumière, qui vient de dos, accentue le caractère spectaculaire, sinon dramatique, de la vision ; les reflets en sont marqués par de multiples rehauts posés en taches claires. La figure du garçonnet, enfin, ajoute une touche d'émotion à cet étrange tableau familial.

LE COUP DE GÉNIE

La couleur du ciel n'attire pas immédiatement le regard, tant la présence de la haute silhouette du premier plan est forte. En réalité, le peintre a usé d'une palette très complexe pour rendre l'agitation des nuées. On retrouve ainsi, discrètes mais fermes, les nuances les plus imprévues dans ce tourbillon de nuages qui contribue à monumentaliser l'apparition des deux personnages et le talus herbeux sur lequel il se sont arrêtés.

1875, huile sur toile, 100 x 81 cm, National Gallery, Washington

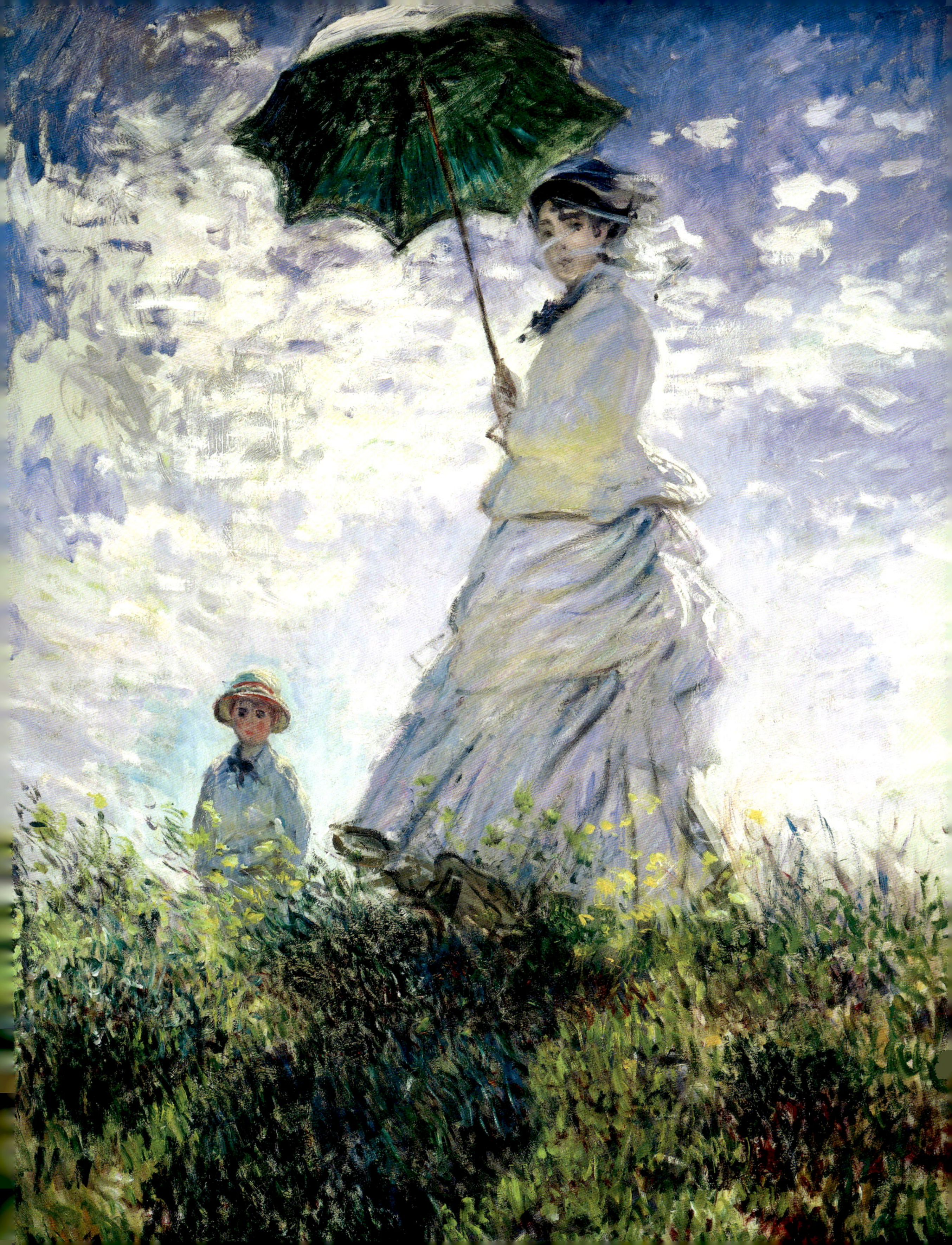

Effet de neige, soleil couchant,
Entre ville et campagne, la banlieue

C'est dans la deuxième moitié du XIXe siècle, surtout avec les impressionnistes, que la ville entre en peinture. Une ville, qui n'a cessé de se transformer complètement, au gré des différentes utopies sociales et autres mutations industrielles… cependant que la nécessité stimulait le génie des bâtisseurs de halles, de ponts, de canaux, etc.

La banlieue, un nouveau motif visuel

Pour les jeunes peintres de l'époque, rien n'est plus stimulant que les réalisations dues à de nouveaux matériaux et de nouvelles techniques. La structure métallique, la verrière ou le béton armé interviennent pour modifier en profondeur les paysages urbains. Car la population de Paris, qui compte un million d'habitants dès 1851, déborde de plus en plus vers les banlieues, où tout se transforme à la même vitesse : les trottoirs sont généralisés, les égouts étendus, le gaz alimente l'éclairage public, les omnibus assurent le transport collectif… Lassé des vues bucoliques ou parisiennes, Monet traite cette banlieue comme un simple motif visuel, privé de tout exotisme social. Comme le montre *Effet de neige, soleil couchant*, ce qui l'intéresse en priorité c'est la recherche des effets de lumière matinale ou crépusculaire, dans un cadre gouverné par la perspective propre à l'architecture.

La poésie du banal

Cette vue assombrie d'un coin de banlieue anonyme se signale avant tout par sa poésie mélancolique et par l'inexplicable magie de sa séduction. L'empâtement en est très prononcé, la matière lourde, la palette ténébreuse, le climat oppressant. Avec le recul historique, nous savons que la contribution de Vincent Van Gogh n'est plus très lointaine. Le lieu lui-même est aisément identifiable ; il se situe au niveau de la Grande Rue d'Argenteuil, axe médiéval historique de la ville. Aujourd'hui rebaptisée rue Paul Vaillant-Couturier, la voie a également servi de sujet à Sisley pour sa *Rue de la Chaussée à Argenteuil* (1872). Nous sommes donc à la lisière de la cité, au jour tombant ; le soleil d'hiver est déjà très bas, les formes s'estompent, la vision se brouille. Pourtant, les maisons sont traitées avec une dureté inattendue, tout comme la végétation du premier plan, qui résiste au froid mieux que les hommes. Alternant les gris et les bleus avec quelques rehauts de jaune et de blanc, la palette est peut-être un souvenir indirect du voyage hollandais de l'artiste en 1871.

LE DÉTAIL ÉTONNANT

Deux silhouettes portant un objet difficile à identifier longent le petit ruisseau qui alimentait le moulin de Bucheret (ou Bicheret) à la fin du Moyen Âge. L'édifice a disparu, mais le cours d'eau également, au moment des travaux d'urbanisation, ce qui fait aussi de cette œuvre un modeste document historique.

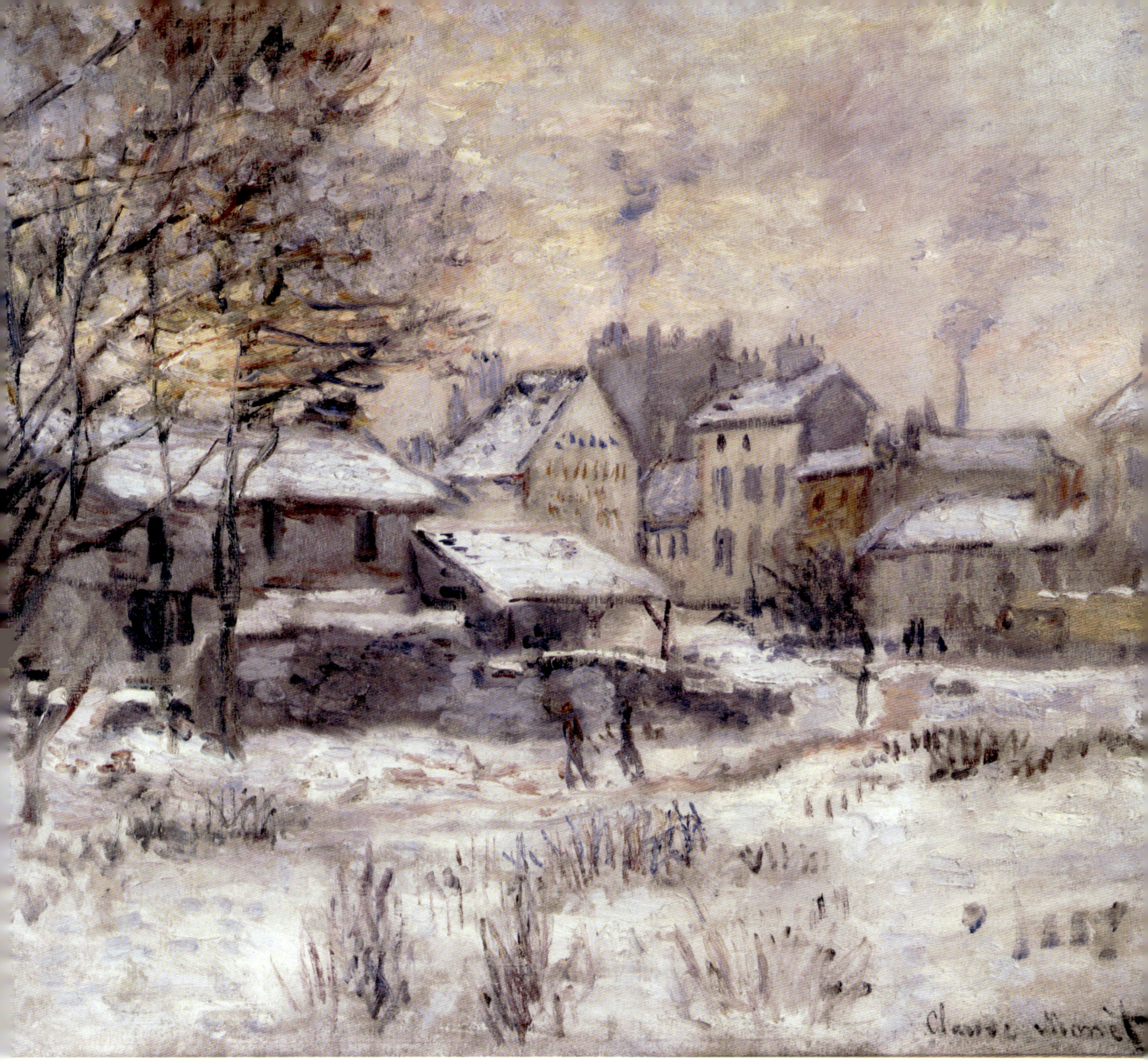

1875,
huile sur toile,
63 x 64 cm,
Musée Marmottan Monet

« Tout s'anime, bruit, se colore ou se décolore, suivant l'heure que Monet nous représente et suivant la lente ascension et le lent décours des astres distributeurs de clartés. »

Octave Mirbeau

La Gare Saint-Lazare,
« La poésie des gares »

Peignant la ville et ses nouveaux monuments, Claude Monet multiplie les touches afin d'en restituer l'animation colorée (*Le Boulevard des Capucines*, 1873), comme il usera du brouillard (*Londres, le Parlement*, 1904) pour en troubler l'apparence. Pour la série consacrée à la *Gare Saint-Lazare*, c'est à la vapeur qu'il fera appel. Une vapeur des locomotives plus immatérielle et plus féconde en effets lumineux que l'eau.

Une thématique nouvelle

Au moment où il exécute cette œuvre, le peintre vient de quitter Argenteuil, après des années difficiles, mais heureuses, en lointaine banlieue. Découvrant que les artistes les plus marquants de la capitale pratiquent volontiers le paysage urbain, il s'y essaie aussitôt, choisissant la gare Saint-Lazare, proche de son logement, comme symbole de modernité et comme laboratoire de sa nouvelle manière. Comme Monet et ses confrères, Zola pressent la force émotionnelle de ces endroits nouveaux : « nos artistes doivent trouver la poésie des gares, comme leurs pères ont trouvé celle des forêts et des fleuves ».

L'esprit du lieu

Ayant obtenu l'autorisation d'installer son chevet à l'intérieur même de la gare, le peintre réalise sept versions du même sujet. Il faut croire qu'il en est satisfait puisqu'il les présente à la troisième exposition impressionniste, la même année. D'une toile à l'autre, l'artiste a toujours respecté la perspective générale de l'espace intérieur, mais il n'a jamais cessé d'en varier l'apparence, notamment par le choix de teintes alternativement chaudes et froides, en fonction des vapeurs qui l'envahissent à chaque départ ou à chaque arrivée de train. Ici, la portion centrale est occupée par l'entrée d'une locomotive dégageant de puissantes volutes ; à gauche, un wagon immobile, à droite la silhouette imprécise d'un autre convoi ferroviaire qui s'apprête à passer sous les structures indistinctes du pont de l'Europe. Encadrant les voies, les silhouettes des immeubles de l'arrière-plan rappellent l'énormité de la tranchée creusée par les ingénieurs le long de la rue de Rome. Aucun tableau ne rend mieux compte de la nature profonde d'une grande gare, lieu où l'on ne fait que passer, qui connaît une intense activité la journée avant de s'assoupir la nuit.

LE DÉTAIL ÉTONNANT

Dans la partie supérieure du tableau, Monet reproduit la couverture de l'immense halle aménagée par l'ingénieur Eugène Flachat en 1853. Conservée par Juste Lisch lors du remaniement en profondeur de l'édifice, en 1885-1889, cette charpente qui use du métal et du verre reste l'un des fleurons de la construction monumentale du temps, par son étroite association des dessins de l'architecte et des calculs de l'ingénieur.

1877,
huile sur toile,
75 x 104 cm,
musée d'Orsay

« M. Claude Monet [. . .] a exposé cette année
des intérieurs de gares superbes. On y entend le grondement
des trains qui s'engouffrent, on y voit des débordements
de fumée qui roulent sous les vastes hangars. »

Émile Zola

Les Dindons,
... en procession docile

Sans doute la toile la plus déroutante de Monet. Par son sujet, par sa taille, par son traitement et même par sa destination, elle fait exception dans l'œuvre de l'artiste. Pourtant, sa fonction fut initialement des plus banales : aux côtés d'autres grandes compositions du peintre (*L'Étang à Montgeron, Un coin de jardin, La Chasse*), elle était destinée à la décoration du grand salon du château de Rottenburg, demeure d'Ernest et Alice Hoschedé.

Les dindons, symbole d'opulence

C'est en 1876 que Monet s'était installé dans le manoir de ses riches commanditaires, en compagnie de sa compagne, Camille, et de son petit garçon, Jean. De cette première année de séjour date probablement le début de sa liaison avec Alice Hoschedé, qu'il épousera après leurs veuvages respectifs. Pour cette vaste toile ornementale, le peintre a choisi un motif qui peut paraître étrange au premier regard, mais qui correspond assez aux goûts du temps, surtout chez les bourgeois nouvellement enrichis. Rien de plus sélect, en cette époque où le paraître l'emporte sur toutes les autres considérations, qu'une troupe de paons ou de dindons paradant dans les jardins des riches propriétés ! En revanche, l'angle de vision est très insolite, comme si le peintre avait baissé son chevalet à mi-hauteur d'homme. Sous son œil amusé, les dindons agitent ainsi à faible distance leur beau plumage blanc à reflets roses et leur crête disgracieuse aux éclats rouge vif. Au loin, la grande bâtisse rappelle discrètement la richesse et l'influence des propriétaires locaux.

Au seuil de la dérision

Présentés à l'exposition impressionniste de 1877, *Les Dindons* déchaîneront la verve moqueuse des chroniqueurs et provoqueront l'agacement de nombreux spectateurs, outrés de ce qui leur apparaîtra comme une nouvelle provocation d'un artiste décidément incontrôlable. Curieusement, le poète Edmond Rostand et le compositeur Chabrier uniront leurs efforts en 1889 pour produire la délicieuse *Ballade des gros dindons*, caricature féroce des bourgeois, marchant « d'un pas solennel et tranquille », tels « de gros marchands, Remplis d'une morgue imbécile » ! avant de clore sur cette condamnation sans appel : « Bourgeois de la gent volatile, Arrondissant de noirs bedons, Ils se fichent de toute idylle, Les gros dindons ! »

LE COUP DE GÉNIE

Claude Monet a rarement figuré la gent animale. Il n'en est que plus intéressant d'observer l'apparente désinvolture avec laquelle il traite ici la réunion de ces gros volatiles : perspective mise à mal dans le dessin des dindons les plus éloignés, jeu confus de touches embrouillées pour la prairie, ombres irrégulières des frondaisons de l'arrière-plan, le tout concourant à un sentiment d'inachevé revendiqué.

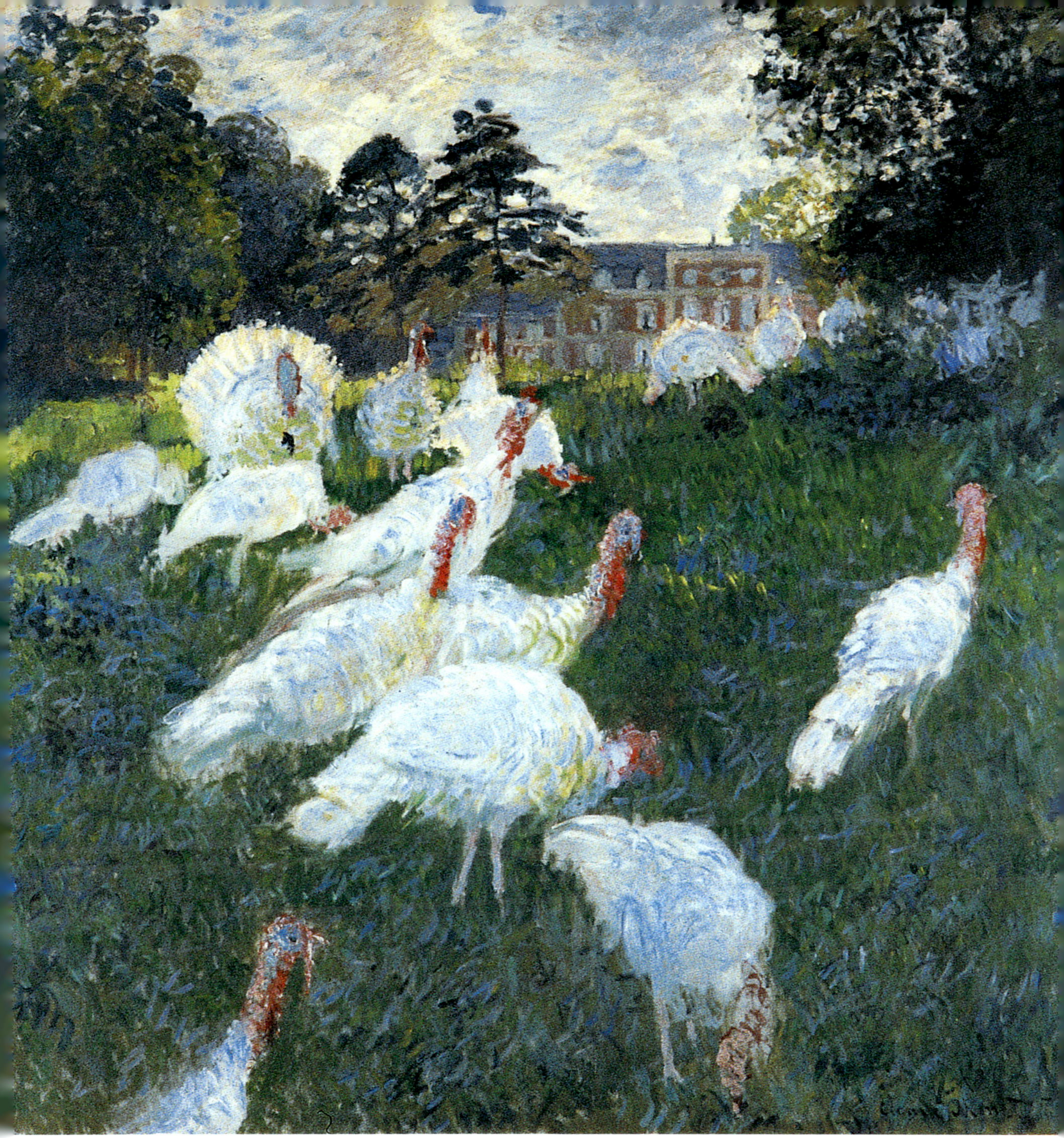

1877,
huile sur toile,
174 x 172,5 cm,
musée d'Orsay

« *La couleur est mon obsession quotidienne, ma joie et mon tourment.* »

Claude Monet

Effet de neige à Vétheuil,
Le retour de l'hiver

À la frontière de l'Île-de-France et de la Normandie, Monet multiplie les œuvres au cours de l'hiver 1878, retrouvant la veine des paysages normands élaborés dix ans plus tôt. Est-ce le passage des années, l'accumulation des difficultés, la maladie de Camille ? Toujours est-il qu'une incurable mélancolie nuance presque toutes les toiles inspirées, à cette époque, par la saison froide.

Un voile invisible

Au premier plan, la Seine, au niveau élevé et au cours rapide, tourmentée mais lumineuse, reflétant les confusions du ciel et les bras dénudés des arbres qui bordent sa rive. Sur cette rive, une neige marbrée d'ombres et de taches obscures : sans doute la végétation rase qui lutte contre l'anéantissement hivernal. Puis une clôture bordant les jardins du village. Enfin, les toits de ce village, surmontés par le massif pyramidal qui couronne le clocher de l'église. La composition est parfaite, ordonnée, régulière et pourtant la spontanéité demeure, une fois encore due à la dynamique des touches qui nimbent d'un imperceptible halo tous les motifs brossés par l'artiste.

Voir, savoir, savoir voir

En peignant ce paysage, Claude Monet reproduit-il ce qu'il voit ou ce qu'il sait ? Pour parler clair : la neige des vues hivernales est-elle blanche, ou parsemée de reflets roses, bleus, verts, ainsi que semble le démontrer cette délicate composition hivernale ? En l'occurrence, la première grande qualité dont fait preuve l'artiste n'est autre qu'une nécessaire capacité d'oubli. Oubli du modèle, certes, mais aussi des recettes traditionnellement mises au service de sa restitution. Aux yeux de Monet, le petit village assoupi de Vétheuil, dominé par la haute silhouette de son église, se présente comme une mosaïque bariolée qu'il tente de reconstituer par touches colorées et lumineuses. Bien sûr, le lien avec la nature demeure et il importe de reproduire ce qui est perçu par l'œil, notamment dans la répartition des masses. Mais dans le même temps, le peintre s'attache à ne pas tuer le sujet en l'immobilisant au nom des conventions admises depuis des générations. D'où le renoncement délibéré – et particulièrement sensible ici – à la forme achevée, au dessin trop net, et la volonté farouche de fixer le provisoire. L'artiste ne cherche plus à rester maître du monde mais plutôt à s'y intégrer, à s'y fondre, à y disparaître même parfois.

LE COUP DE GÉNIE

Bien qu'à peine suggérée, la présence humaine confère une touche harmonieuse à la composition. Quelques volets ouverts, la clôture d'un jardin, une silhouette modeste sur la rive du fleuve, quelques traces de fumée dans le ciel dominant les cheminées… il n'en faut pas plus pour ôter à ce panorama transi tout caractère de cliché convenu.

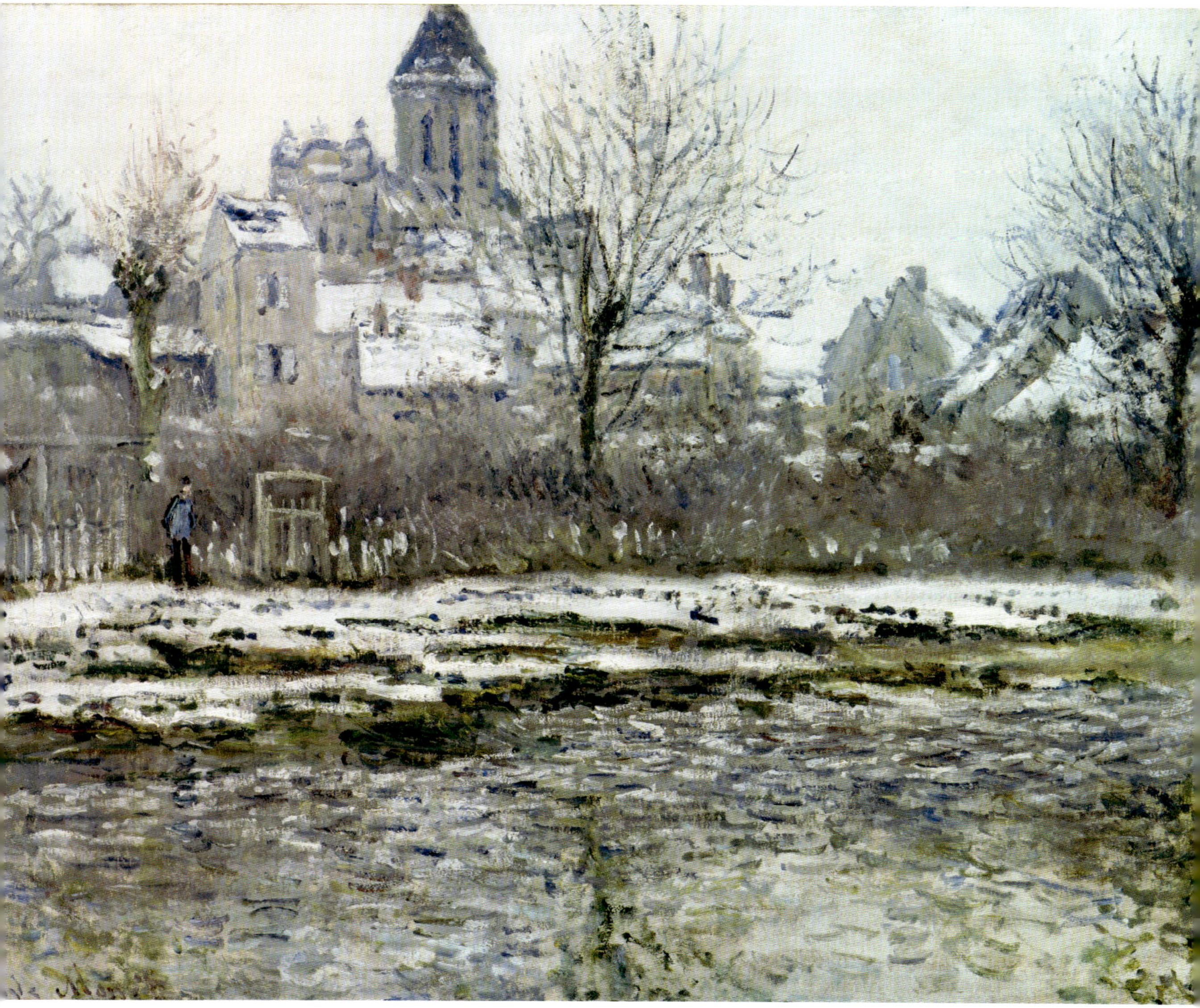

1878,
huile sur toile,
52,5 x 71 cm,
musée d'Orsay

« *Il faut capter la lumière et la jeter directement sur la toile* »

Claude Monet

La Rue Montorgueil,
Travail, paix, république

Le 30 juin 1878 (et non le 14 juillet, comme il est fréquent de le lire), la troisième Exposition universelle connaît sa plus belle journée avec la célébration de la paix et du travail, sous l'égide des nouvelles autorités républicaines. Il s'agit de faire oublier un passé aux blessures mal cicatrisées, la plus brûlante restant la défaite de 1870. Républicain convaincu, mais sans engagement personnel, Monet participe à l'événement en réalisant cet admirable témoignage de liesse populaire.

Au cœur du Paris populaire

Débouchant sur le carreau des Halles, la rue Montorgueil est inscrite au plus profond de l'histoire de Paris, depuis le XIIIe siècle. Proche de la cour des Miracles (dont la petite rue du Nil serait l'unique survivance), elle tire son nom de l'éminence qu'elle gravit, le « mont Orgueilleux » ! C'est donc au sein du Paris populaire que Monet a choisi de planter son chevalet. Père d'un deuxième enfant (le petit Michel, venu au monde le 17 mars précédent), soucieux de la santé de Camille, c'est avec joie qu'il a retrouvé les lumières et les bruits de la grande ville. Lui-même évoquera plus tard les circonstances de cette belle journée festive : « La première fête nationale du 30 juin, je me promenais rue Montorgueil ; la rue était très pavoisée et il y avait un monde fou, j'avise un balcon, je monte... » De ce balcon, le peintre propose une vue plongeante de la rue où grouille la foule sous la double haie des oriflammes.

Une proximité distante

« Qui voit de haut, voit bien ; qui voit de loin, voit juste » conjecture Victor Hugo dans *L'Art d'être grand-père*. Monet aurait-il lu ce recueil paru l'année précédente ? Rien ne permet de l'affirmer, mais *La Rue Montorgueil* illustre de façon curieuse le mot d'Hugo. Acteur d'une fête dont il se tient éloigné, le peintre n'en garde que les formes et les couleurs essentielles. Dont celles du drapeau républicain qui annonce la fin de l'absolutisme monarchique. Cependant, il serait vain de vouloir trouver ici la trace d'un militantisme politique : c'est en peintre que Monet affirme sa modernité, par le grouillement des petites touches de couleurs que la vision réorganise sous forme d'une foule en joie et de drapeaux claquant au vent. Qu'il peigne l'agitation citadine ou la quiétude campagnarde, la foule des soirs de fête ou la solitude des paysages enneigés, Monet ne laisse jamais l'anecdote l'emporter sur l'objet-tableau.

LE COUP DE GÉNIE

L'effet de vue plongeante est d'autant plus saisissant que le format en hauteur dynamise la vision dans le sens de la verticalité. En quelque sorte, Monet précède d'un siècle le travail de ces photographes-chroniqueurs de la vie moderne qui, cherchant l'angle de vue le plus original et le plus synthétique, tentent de résumer, sur le cliché d'un instant, la totalité d'un événement étiré dans le temps.

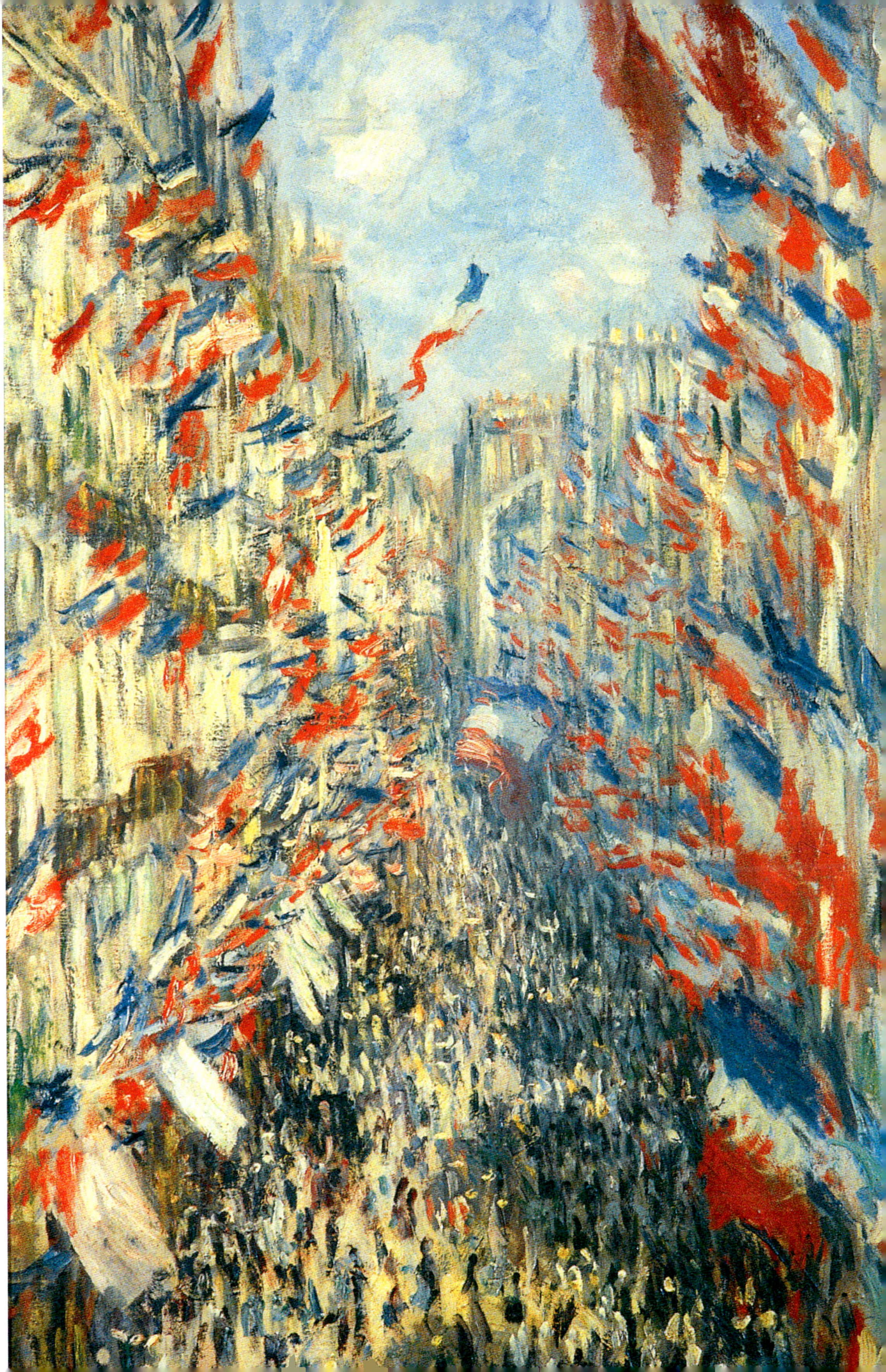

1878,
huile sur toile,
81 x 50,5 cm,
musée d'Orsay

Le Givre,
Mirage hivernal

Le mois de décembre 1879 est marqué par un froid extrême qui ne dissuade pourtant pas Claude Monet de pratiquer son art en plein air, à toutes les heures de la journée. Relevant sans trêve tous les effets de la pâle lumière hivernale, il choisit des motifs d'une apparente banalité et en varie le traitement sans chercher à en fixer une image définitive. Ainsi, en quelques semaines, il réalisera dix-sept versions du fleuve pris par les glaces.

La spontanéité au prix de la souffrance

Parmi les versions les plus réussies, *Le Givre* se présente comme une sorte de mirage, captation fugace des innombrables reflets animant ce petit paysage, à proximité immédiate de Vétheuil. Le sentiment de spontanéité qui se dégage au premier regard doit tout à la pratique en plein air. Mais à quel prix ! Monet lui-même se plaira à rappeler les conditions extrêmes de cet exercice qui aurait pu mettre sa santé en péril : « La Seine était complètement gelée et je m'installai sur le fleuve, m'efforçant de plier mon chevalet d'une manière quelconque. De temps en temps, on m'apportait une bouillotte. Mais pas pour les pieds : je n'avais pas froid, c'était pour mes doigts gourds qui menaçaient de laisser échapper le pinceau. » On comprend mieux, dans ces conditions, le caractère presque chaotique de la touche, les innombrables fragmentations de la couleur, la dissipation des formes dans une douce irradiation brumeuse.

La vie en éclats

Dans cette nature figée et glacée, la seule trace de l'activité humaine apparaît au premier plan, sous forme d'une barque prise par les glaces, entre deux fourrés pétrifiés par le gel. Nulle rumeur, nul mouvement dans cette scène frappée de silence et d'immobilité. Seule, la lumière s'éparpille en éclats passagers, à la surface de l'eau, sur les buissons, dans les frondaisons éloignées, au cœur des nuages. Le peintre s'attache à identifier chacun de ces éclats, mais en les insérant dans le cadre d'une illumination unitaire et diffuse. Le sommet expressif de cet art de la lumière se découvre dans le motif de la rangée d'arbres qui, rompant la double horizontalité du fleuve et du ciel, assure la transition entre les nébulosités passagères de la partie supérieure et les blocs durcis de la partie inférieure. C'est à longuement méditer face à cette œuvre si inattendue dans l'histoire de la peinture européenne, si absolument neuve dans son indifférence à l'endroit du motif pittoresque, que l'on comprend mieux le propos de l'artiste relatif à son mérite revendiqué, mais aussi à sa solitude accepté : « Ce que je ferai ici aura au moins le mérite de ne ressembler à personne, parce que ce sera l'impression de ce que j'aurai ressenti, moi tout seul ».

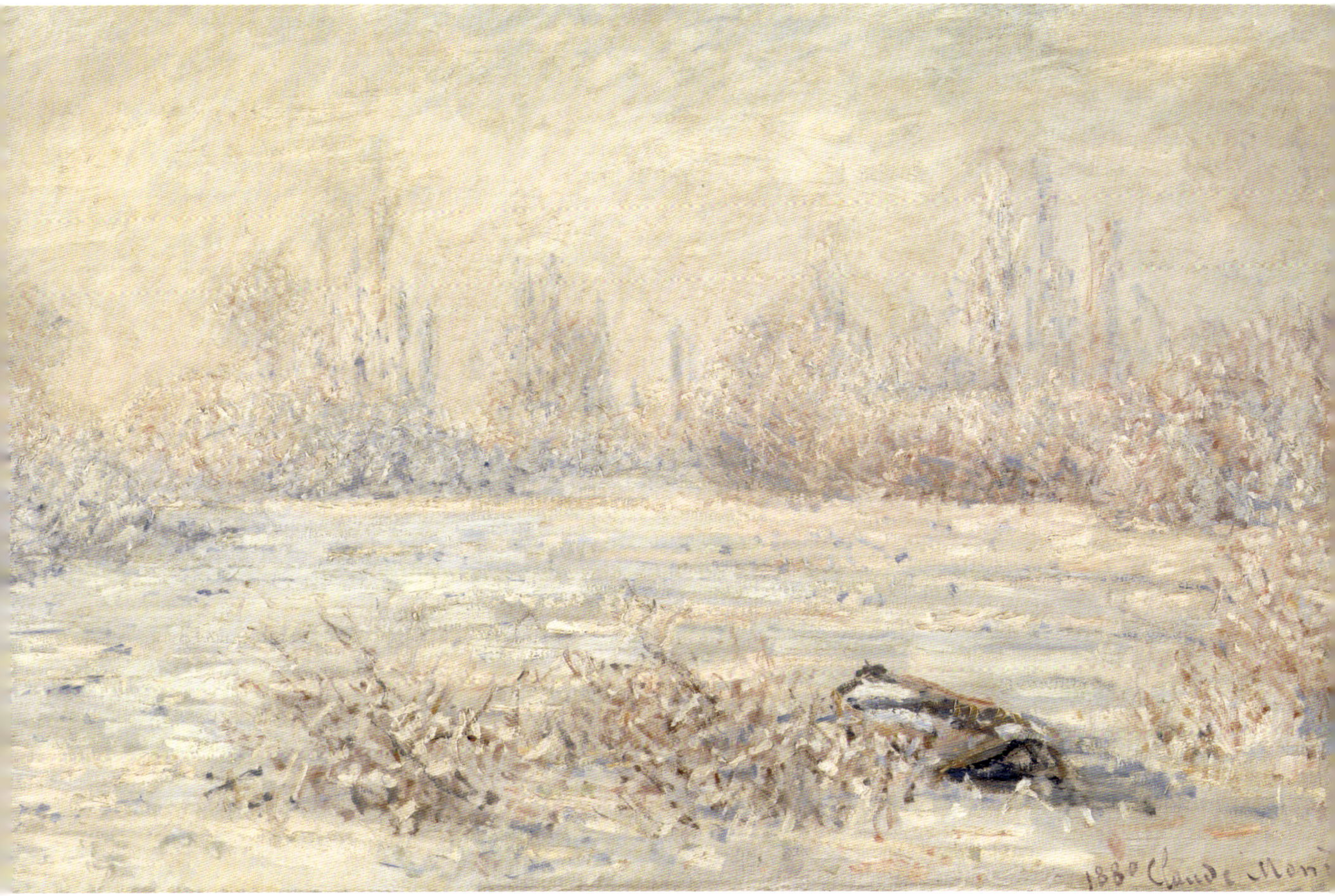

1879-1880,
huile sur toile,
61 x 100 cm,
musée d'Orsay

Le coup de génie

Reflet probable des difficultés morales et matérielles rencontrées par Monet, les scènes hivernales de 1879 portent aussi en germe toute l'évolution ultérieure du grand peintre. On y trouve déjà le principe des magnifiques séries à venir (*Meules, Peupliers, Cathédrales de Rouen, Nymphéas*) et l'on voit s'y glisser un sentiment de paisible langueur qui ne quittera plus jamais son œuvre. Surtout, les variations constantes de la lumière sur des sites privés de tout pittoresque préfigurent les longues recherches des grandes *nymphéas*, source de toute l'abstraction lyrique du XXe siècle.

La débâcle près de Vétheuil,
Le froid et ses lumières

Le lieu choisi par Monet pour cette peinture hivernale est un véritable petit archipel fluvial, pour l'essentiel constitué par trois îles très allongées, qui occupent la partie nord du méandre de La Roche-Guyon : l'île de Bouche, l'île de Moisson et l'île de Haute-Isle. Le peintre aime à s'approcher de ces terres isolées sur son bateau-atelier, mais en hiver, l'embâcle et la débâcle ne lui facilitent évidemment pas la tâche. D'ailleurs, il semble douteux qu'il se soit risqué sur son embarcation au milieu de blocs de glace dont la dérive aurait constitué un sérieux péril.

Un monde disparu

Le bras fluvial séparant l'île de Moisson de la rive nord de la Seine n'étant large que d'une trentaine de mètres, il est difficile de déterminer précisément le lieu où, sur cette même rive, le peintre a placé son chevalet. Selon certaines hypothèses, l'île de Bouche apparaîtrait sur la gauche, le bosquet plus proche, à droite, appartenant à l'extrémité de l'île de Moisson, et le fond de la scène mêlant la rive du fleuve à la lointaine île de Haute-Isle. En réalité, il est devenu presque impossible de se prononcer à coup sûr aujourd'hui. D'une part en raison de la poétique imprécision de la vision, d'autre part du fait des aménagements considérables subis par cette zone fluviale depuis un siècle. Mais si la topographie est impuissante à restituer à coup sûr l'endroit distingué par le peintre, demeure l'essentiel, c'est-à-dire cette lumière ouatée, si particulière de la vallée de Seine au temps de l'hiver.

La force secrète des couleurs

La chronique locale de Vétheuil conserve les traces d'une débâcle de la Seine dans les premiers jours de janvier 1880, ce qui permet aux historiens de dater assez exactement la toile. Par une température exceptionnellement basse (le thermomètre est descendu jusqu'à – 25°), les blocs de glace courent à la surface du fleuve vers l'aval, entourés par le cortège désolé des arbres privés de leur parure. Du ciel, la lumière s'effondre en longues cascades diagonales ; au sol, les détails se perdent sous le linceul de neige. En dépit des conditions dramatiques que vit alors Monet, dont la jeune femme vient de mourir en lui laissant la garde de deux petits garçons, il est difficile de découvrir ici autre chose que l'émerveillement de l'artiste face à la complexité radieuse d'une nature qui scintille sous l'éclairage blafard de janvier. Sans doute n'est-il pas inutile de rappeler ici le glorieux précédent de Gustave Courbet, qui avait, notamment au temps de sa jeunesse, multiplié les paysages hivernaux et enneigés de son Jura natal. Bien que très admiratif de son célèbre et bienveillant aîné, Monet n'en suit pas moins une voie toute personnelle, peut-être moins réaliste, mais chargée d'une poésie et d'une émotion encore supérieures.

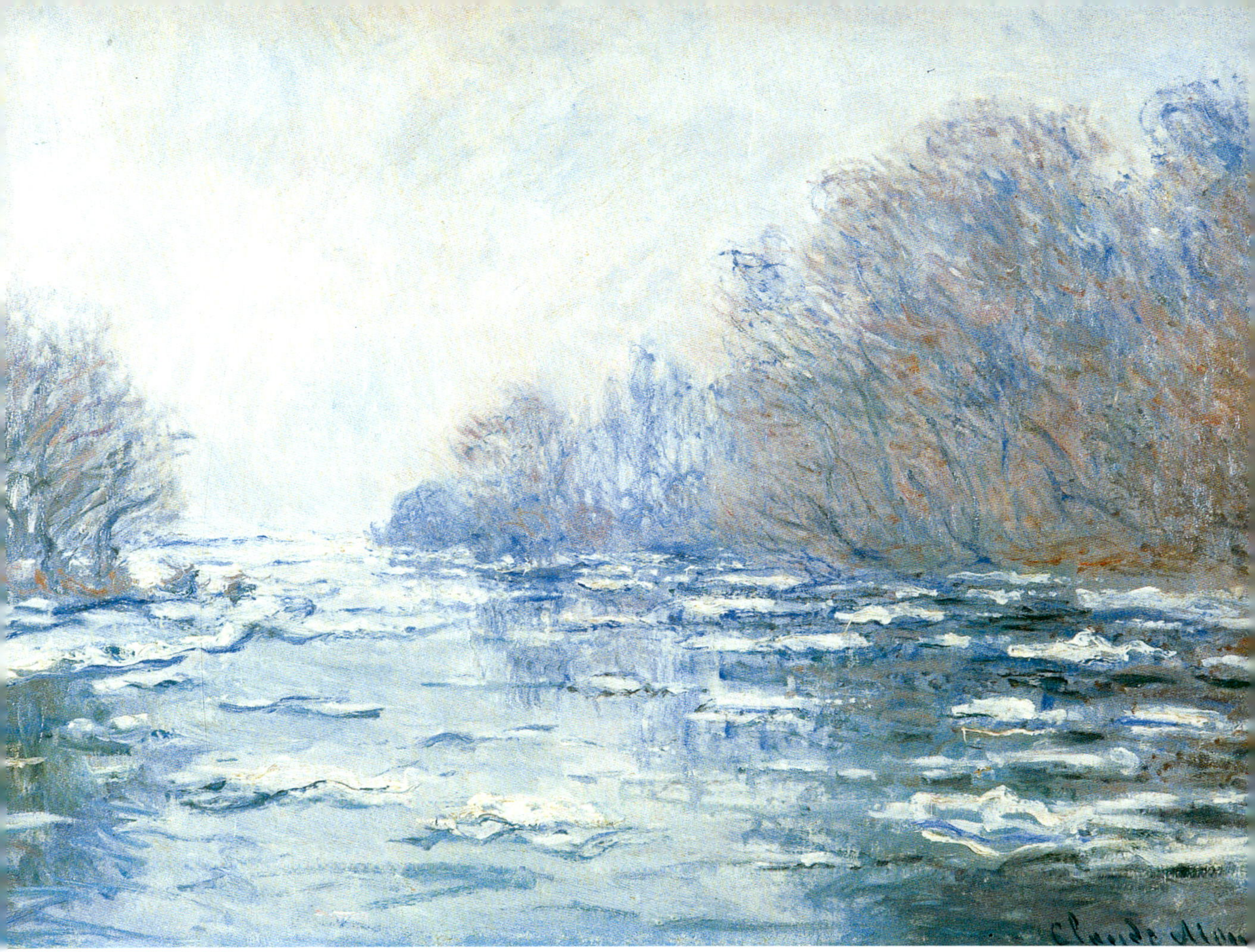

1880,
huile sur toile,
65 x 93 cm,
musée d'Orsay

Le coup de génie

Encore une fois, il faut se défier de la première impression visuelle ; aux yeux du spectateur attentif, la monochromie gris-blanc du paysage fait place progressivement à une mosaïque de nuances furtives qui, dans leur diversité même, particularisent les espaces singuliers du ciel, du fleuve, des îles, des bois… Au moment où la photographie impose peu à peu son magistère du noir et blanc, la peinture prouve victorieusement sa capacité à colorer de ses sortilèges jusqu'aux ombres les plus opaques.

Le Jardin de Monet à Vétheuil,
Au soir de la jeunesse

Au sortir de Vétheuil, une petite maison conserve le souvenir de Claude Monet. C'est là que le peintre est venu s'installer en 1878, avec sa famille, mais aussi avec ses amis Hoschedé. Dans cette bâtisse aux dimensions modestes, dont on distingue ici la silhouette en haut à droite, de l'autre côté de la route, ce ne sont pas moins de douze personnes qui vivent en permanence : Claude et Camille avec leurs deux garçonnets, Ernest et Alice Hoschedé avec leur six enfants. Sans compter la petite domesticité !

Camille disparue

Le 5 septembre 1879, Camille s'est éteinte, victime à trente-deux ans de ce cancer de l'utérus qui la rongeait probablement depuis plusieurs années et contre lequel la médecine du temps est restée impuissante. Que restera-t-il de cette muse discrète des années de jeunesse ? Peu de chose en vérité, Claude Monet faisant preuve à l'endroit de la jeune disparue d'une apparente et parfois choquante indifférence. Ne laissera-t-il pas, par exemple, la tombe de la malheureuse se dégrader progressivement au fond du cimetière de Vétheuil ? Pourtant, Camille lui a donné deux fils, dont le petit Michel qui apparaît ici au premier plan, alors âgé de trois ans. Devant lui, un jouet en bois qui n'est pas sans rappeler celui de son aîné, Jean, dans *Le Déjeuner* (1874). Au fond, sur les marches de l'escalier, deux autres silhouettes : celle du petit Jean-Pierre Hoschedé, plus âgé de sept mois que Michel, et celle d'Alice, maîtresse de Claude du vivant de Camille, appelée à devenir sa femme après la mort de son propre époux, Ernest. Triste chronique du temps qui passe et entraîne déjà la jeunesse de l'artiste dans les ombres du passé.

Sous le soleil, les tournesols

Pourtant, la mélancolie n'est pas de rigueur ici. De part et d'autre de l'allée descendante, alternativement ombragée et ensoleillée, l'éclatante végétation renvoie la lumière de l'astre du jour qui brille dans un ciel imperturbablement bleu. La vigueur de l'éclairage est telle que le spectateur vit l'illusion d'un éblouissement au premier plan, les détails se précisant au fur et à mesure qu'ils s'éloignent, contre toutes les lois de la perspective sensorielle. Nulle trace, non plus, de misérabilisme. Sans avoir encore atteint à l'aisance, Monet est en mesure de loger sa famille et même de vêtir avec une certaine recherche son petit garçon.

LE COUP DE GÉNIE

Les hauts tournesols qui, par contraste, confèrent une fragilité si émouvante au petit Michel envahissent le jardin de Monet. Ce n'est pas un hasard si le peintre aime ces fleurs géantes, décoratives et resplendissantes. Dans ce tableau, il en fait de vibrants capteurs de lumière tournés vers le ciel, dansant dans l'air chaud et animés de teintes subtilement variées de vert et de rouge autour du jaune éclatant qui les distingue.

1881, huile sur toile, 150 x 120 cm, National Gallery, Washington

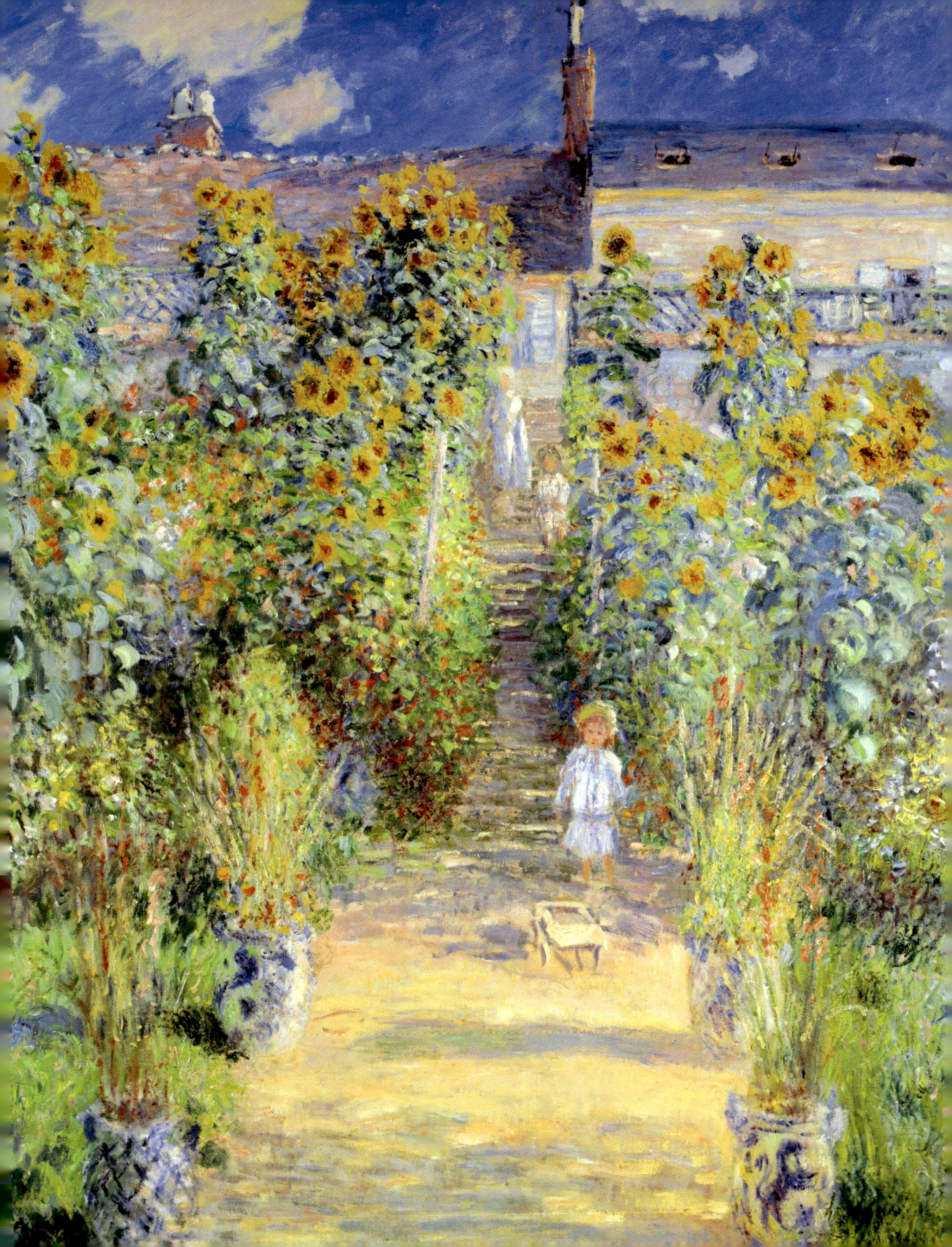

Les Tilleuls à Poissy,
La campagne à la ville

De décembre 1881 à avril 1883, Claude Monet réside deux ans à Poissy, peut-être à l'instigation d'Émile Zola. La petite ville connaît d'ailleurs un développement inédit du fait de sa position sur la ligne de chemin de fer Paris-Rouen qui, depuis 1841, autorise de nombreux Parisiens à y élire leur lieu de villégiature. Installé avec sa famille en bord de Seine, dans la Villa Saint-Louis, maison à trois étages, c'est de sa fenêtre que le peintre capte cette vue des tilleuls ombrageant le boulevard de la Seine.

Des tilleuls symboliques

L'histoire de ces tilleuls, immortalisés par Monet, est révélatrice des mutations urbaines qui ont si souvent sollicité l'imaginaire des peintres impressionnistes. Jusqu'au XIXe siècle, personne ne s'était avisé que la rive de Poissy n'était qu'un bourbier nauséabond. Mais sous l'Empire, en 1813, la municipalité a décidé d'aménager plusieurs aires de promenade pour ses citoyens, démonstration de la persistance de l'esprit des Lumières aux lendemains de la Révolution. C'est quelques décennies plus tard, de 1847 à 1880 (donc sous les régimes successifs de la monarchie parlementaire, de la deuxième république, du second empire et de la troisième république !) que le quai est aménagé et prend l'apparence fixée par Monet sur sa toile.

L'essentiel sans les détails

Les arbres sont plantés sur le boulevard de la Seine – aujourd'hui rebaptisé cours du Quatorze Juillet – tout proche du fleuve. À quelques pas, se trouvait l'ancien pont, détruit par les bombardements britanniques le 26 mai 1944, en même temps que de nombreuses habitations. C'est dire qu'il est devenu assez difficile de reconnaître la place telle que l'a connue l'artiste. Néanmoins, ce dernier a pris soin de correctement aligner les constructions du vieux Poissy qui dominent l'esplanade, sous un ciel tumultueux. Sur les feuillages printaniers des tilleuls, la lumière brouille toutes les nuances, en touches turbulentes, d'une violence tout expressionniste. Les ombres s'allongent, le crépuscule approche. Une fois encore, Monet parvient à fixer l'éphémère sans chercher la précision du détail. Cette quête est-elle plus difficile à mener en ville qu'à la campagne ? Ainsi s'expliquerait en partie le départ définitif du peintre pour Giverny un an plus tard.

LE DÉTAIL ÉTONNANT

Si l'on isole la partie centrale des frondaisons multicolores, il ne reste plus qu'un magma informel de couleurs chatoyantes ; plus rien ne subsiste du modèle naturel non plus que des conventions académiques qui organisent rigoureusement le voisinage des teintes sur la toile. L'abstraction lyrique est tout entière en genèse dans ce fragment et l'on comprend ainsi la vénération que tant de grands peintres informels du XXe siècle cultiveront à l'endroit de Claude Monet.

1882, huile sur toile, 87,5 x 65 cm, collection privée

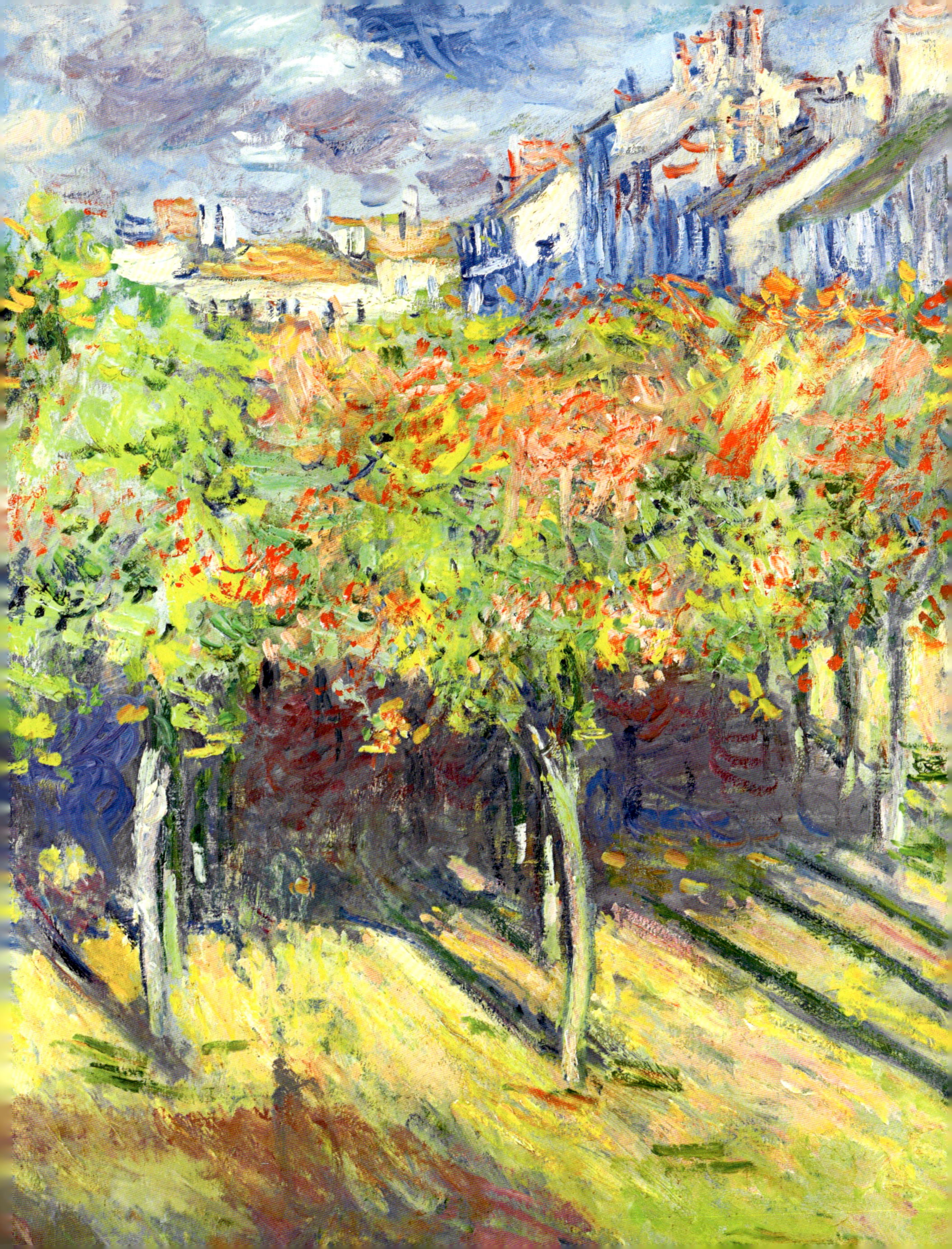

Mer agitée à Étretat,
Un nouveau défi, la mer

Dans les années 1880, Monet multiplie les vues maritimes sur la côte normande, de Dieppe à Étretat. Sans déroger au principe de la peinture en plein air, plantant son chevalet entre les galets, au pied des falaises, il lui arrive toutefois, contraint par la force des intempéries, de travailler à distance. C'est le cas pour cette toile qui, restituant avec une réalité inquiétante le fracas déchaîné des embruns, a été réalisée depuis la fenêtre de l'hôtel où l'artiste a trouvé à se loger.

La pratique du fugitif

En février 1883, Claude Monet séjourne à Étretat, site immortalisé par nombre d'autres grands artistes, dont Gustave Courbet. À cette époque de l'année, la mer est souvent hostile, le froid intense, la navigation périlleuse. Ce qui donne toute sa valeur humaine au tranquille courage des deux pêcheurs de la plage, face au soulèvement des éléments. Surtout, les changements perpétuels de la lumière offrent au peintre une occasion unique de valider sa pratique du fugitif, sa quête de l'insaisissable. Derrière l'invisible rideau de pluie, les falaises avancent brutalement dans la mer grondante, à l'image d'un monstrueux pachyderme qui resterait insensible aux troubles du temps. La comparaison a d'ailleurs souvent été proposée, de cette énorme arche de la falaise d'Aval avec la trompe monumentale d'un colosse pétrifié. Pour en traduire la dureté massive, Monet fait usage d'une touche horizontale, opposant les indestructibles strates de la pierre aux enroulements et spirales de la mer en folie.

Une bataille en couleurs

Même si le peintre œuvre depuis la fenêtre de sa chambre, l'impression reste forte d'une bataille livrée contre une nature hostile. Une bataille livrée par Monet avec ses propres armes, pinceaux, palette et chevalet. En quelque sorte, il s'agit de détourner la violence des éléments pour la transformer, au prix d'une patiente alchimie des couleurs et des lumières, en pure dynamique visuelle. Moins virtuose que Courbet, le peintre cherche moins à reproduire ce qu'il voit qu'à traduire l'impression ressentie face au spectacle offert par la mer, le ciel, les falaises, la grève. Tout en sachant que ce qu'il voit ne tiendra jamais dans ce qu'il peint. Pour cela, il faudrait multiplier les versions du même sujet, toutes traversées par des lumières différentes. Loin de relever d'une théorie systématique, le principe des séries devient ainsi, peu à peu, une nécessité chez Monet, littéralement obsédé par l'idée d'une restitution de la beauté du motif bien plus que de sa réalité, ainsi que l'atteste cette confidence du 3 février 1883, dans la lettre à Alice Hoschedé, qu'il poste depuis Étretat : « Vous ne pouvez vous faire une idée de la beauté de la mer depuis deux jours, mais quel talent il faudrait pour rendre cela, c'est à rendre fou. Quant aux falaises elles sont ici comme nulle part. »

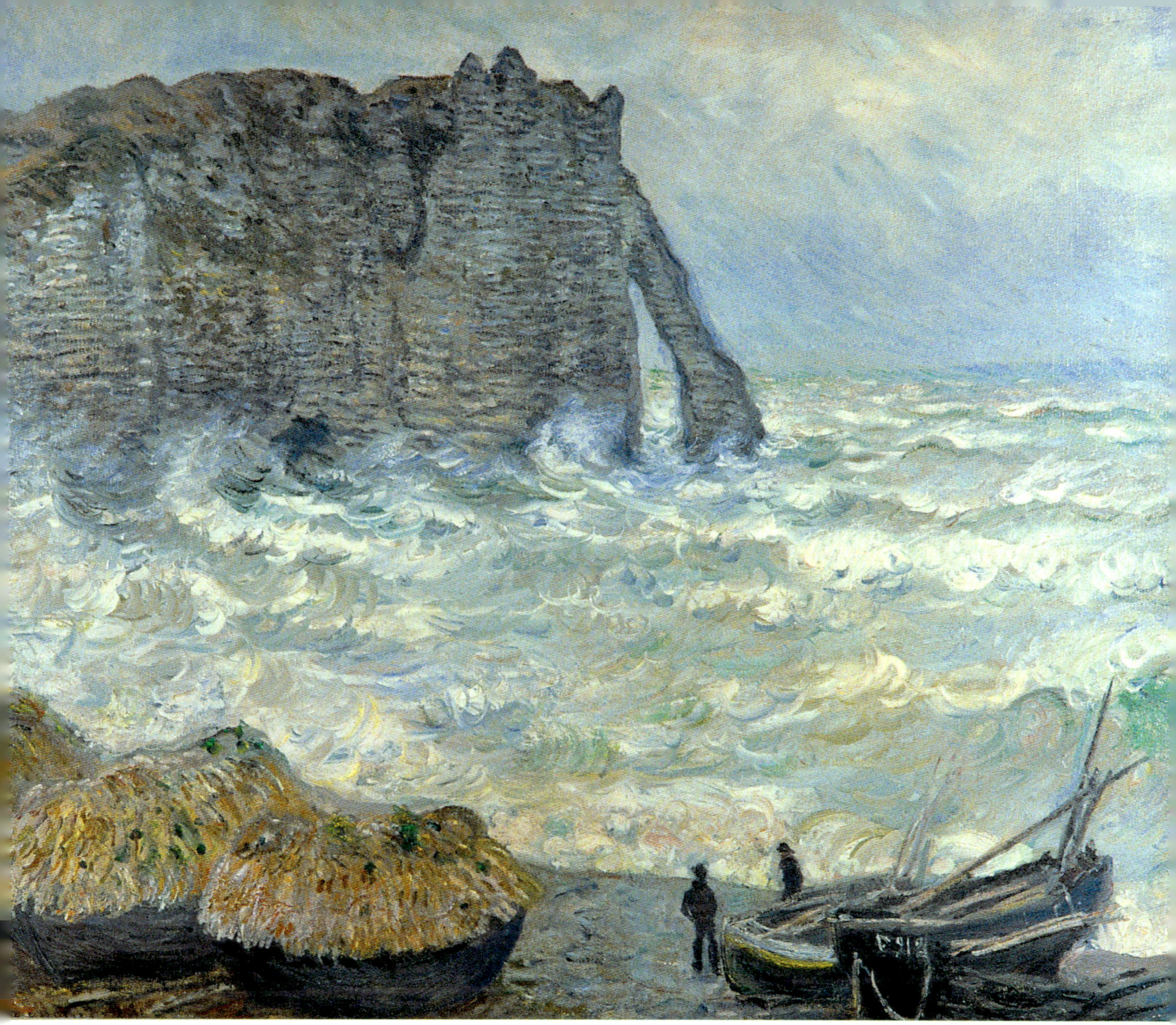

1883,
huile sur toile,
81 x 100 cm,
Musée des Beaux-Arts,
Lyon

Le détail étonnant

Au premier plan à gauche, le peintre a représenté des barques de pêche hissées sur la grève et couvertes de leur protection de chaume (qui seront remplacées par les bâches, d'un usage bien plus commode). Il a repris plusieurs fois ce motif dans ses vues d'Étretat, donnant ainsi à sa vision un cachet d'authenticité au doux parfum nostalgique. Embarcations mises hors d'usage par la mer, installées sur les plages et aménagées en abris par les pêcheurs, les « caloges » ont longtemps constitué un élément caractéristique du littoral d'Étretat.

Les rochers de Belle-île, la côte sauvage,
Loin des hommes et de la civilisation

Du 12 septembre au 25 novembre 1886, Claude Monet séjourne à Belle-Île, curieux d'y découvrir des paysages inédits et des lumières qui, moins opalines que celles de la Manche, ouvrent sur l'infini de l'océan. Confronté aux violentes tempêtes d'automne, il observe patiemment la houle à l'assaut des récifs, sans songer que les masses lumineuses des falaises et des récifs puissent céder aux assauts de la mer !

La nature hostile

Aussi installe-t-il son chevalet sur le littoral occidental de l'île, dominé par le phare de Goulphar, affrontant l'hostilité des embruns et scrutant les déferlements sauvages de la « mer invraisemblable de couleurs » contre « un amoncellement de rochers terrible ». De Belle-Île, « pays superbe de sauvagerie », il est aussi l'un des premiers visiteurs illustres de la fin du XIX siècle, n'ayant guère été précédé que par Maxime du Camp et Gustave Flaubert. La plus grande de toutes les îles bretonnes (quelque 85 km^2) se distingue par les nombreuses anfractuosités de ses rivages, mais aussi par les multiples entailles de son plateau intérieur et par ses collines tourmentées, tous éléments qui se combinent pour en faire l'une des terres les plus sauvages d'Europe. Dans un premier temps, Monet est dérouté par ce décor naturel qui ne rappelle en rien la douceur de sa Normandie natale, non plus que celle de l'Île-de-France où il a choisi de passer sa vie. Mais très vite, il décide de relever le défi lancé à son art par les tumultes et la rudesse d'une nature indomptable.

L'homme, témoin furtif

Refusant les conseils de prudence, il s'approche au plus près des falaises dominant les criques et les récifs, mettant un point d'honneur à lutter contre l'impression de vertige causée par l'à-pic des murailles rocheuses et par les effets sournois d'un vent imprévisible. La toile intitulée *Les rochers de Belle-île, la côte sauvage* se signale d'une part par son format en largeur qui permet au peintre de donner une puissance maximale à l'offensive de la mer, d'autre part par la hauteur de l'horizon qui intensifie la dynamique de l'antagonisme entre les masses liquides et les aspérités pierreuses. La palette n'est plus celle des paysages normands : vibrants, les verts, les bleus et les pourpres restituent l'atmosphère d'une contrée où l'homme est tout juste toléré.

LE COUP DE GÉNIE

Pour mieux marquer la farouche résistance des rocs face au déferlement des lames, Monet les traite exclusivement en touches obliques et parallèles, qui conduisent sans faiblesse le regard du spectateur contre la masse désordonnée de l'onde en touches disloquées. Effet doublé par l'affrontement des couleurs, les émeraudes de la mer s'opposant aux terres et bistres du littoral rocailleux.

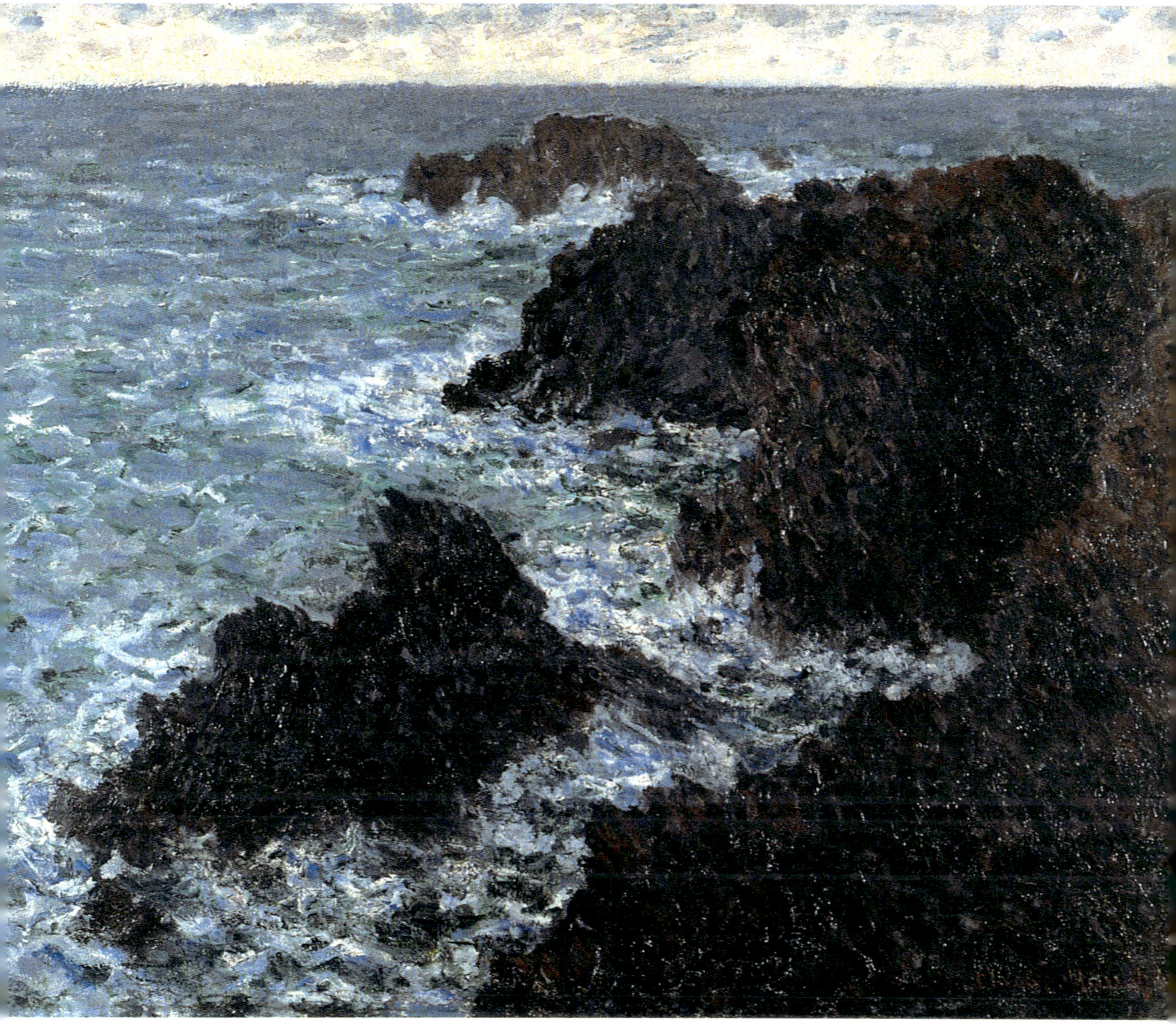

1886,
huile sur toile,
65 x 81,5 cm,
musée d'Orsay

« Moi, je suis ici depuis un mois où je pioche dur. Je suis dans un pays superbe de sauvagerie, un amoncellement de rochers terrible et une mer invraisemblable de couleurs : enfin je suis très emballé quoique ayant bien du mal, car j'étais habitué à peindre la Manche et j'avais forcément ma routine, mais l'Océan c'est tout autre chose. »

Claude Monet

Femme à l'ombrelle vers la droite,
Essai de figure en plein air

La mort de Camille a privé Monet d'une épouse, d'une mère, mais également d'un modèle qui l'inspirait et se pliait à toutes ses volontés. C'est par sa belle-fille, Suzanne, aînée de la famille Hoschedé, qu'il la remplace au milieu des années 1880. Sur ce tableau, Suzanne est âgée de dix-huit ans et il lui en reste moins de treize à vivre.

La fille du vent

Au sommet d'un petit talus herbeux, Suzanne apparaît comme une émanation fantastique du vent, qui agite les nuages et les herbes. L'ombrelle est tendue contre le souffle qui trouble sa robe et fait voler son foulard. Si la sveltesse de la silhouette s'explique par le port du corset, son immatérialité doit tout à une palette évanescente qui emprunte aux nuances du ciel et à celles de la prairie. Seule tache de couleur vive dans cette composition éthérée, la fleur rouge portée à la ceinture. Curieusement, la résistance opposée par Suzanne aux rafales renvoie à celle de l'artiste, dont on se demande comment il maîtrisait le chevalet, la toile et les couleurs dans cette tourmente traduite par les hachures fiévreuses de sa touche.

Une série inaboutie

Une autre version de ce tableau naît en même temps, la *Femme à l'ombrelle tournée vers la gauche*, embryon d'une suite variée qui, bien qu'incomplètement réalisée, atteste le fort penchant de l'artiste pour ce principe répétitif, éminemment contemporain. Autre prophète de la modernité picturale, Paul Cézanne développera, au soir de sa vie, une attitude parente face au miroir illimité de la nature : « le même sujet vu sous un angle différent offre un sujet d'étude du plus puissant intérêt, et si varié que je crois que je pourrais m'occuper pendant des mois sans changer de place ». Mais ici, le motif est humain, juvénile, fragile ; Suzanne ne résistera pas au régime imposé par son beau-père et refusera d'endurer plus longtemps son despotisme. Attitude légitime, louable même, de la part de cette jeune fille résolue à préserver sa liberté, mais qui a certainement privé la peinture d'une série de chefs-d'œuvre. Il est à observer qu'en cette occasion Monet lui-même eut certainement conscience d'avoir frôlé l'idéal, refusant obstinément de se défaire de ces deux toiles, entrées dans le domaine public grâce au legs de son fils, Michel.

LE COUP DE GÉNIE

On songe ici aux mots que tiendra l'artiste un peu plus tard, au cours de l'été 1887, relatifs aux portraits en plein air qu'il dit concevoir comme des paysages : « C'est un rêve ancien que me tracasse toujours et que je voudrais une fois réaliser ; mais c'est si difficile ! » Un rêve donc, qui explique en partie le flou du visage de Suzanne, qui justifie la dissimulation des pieds du modèle par le ballet des herbes folles, qui légitime la fusion de tous les éléments aériens, végétaux ou textiles dans le « vent qui passe et nous raconte l'histoire du monde ».

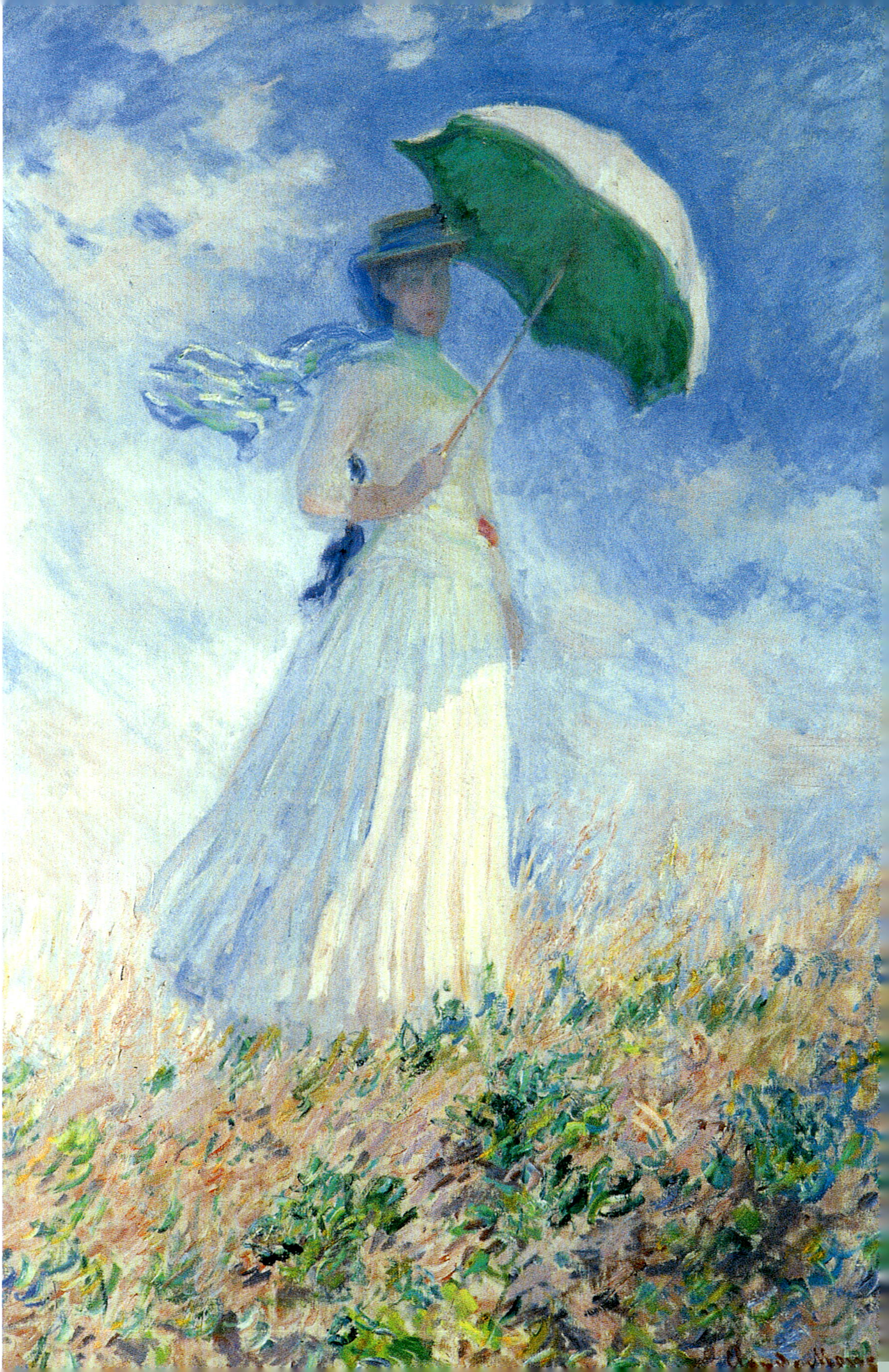

1886,
huile sur toile,
131 x 88 cm,
musée d'Orsay

Champs de tulipes, Hollande,
« c'est inrendable avec nos pauvres couleurs »

En 1871, pendant les troubles de la Commune, Monet avait effectué un premier séjour en Hollande. Il y retourne quinze ans plus tard, du 27 avril au 6 mai 1886, à l'invitation d'un riche amateur, le secrétaire d'ambassade Estournelles de Constant.

Enthousiasme et scrupule

C'est à ce diplomate que le peintre doit la découverte des immenses champs de tulipes au nord de La Haye. L'impression est foudroyante, au point qu'en un si bref délai ce ne sont pas moins de cinq tableaux qui voient le jour sous les brosses et pinceaux de l'artiste. Son courrier, par ailleurs, témoigne de sa fébrilité et de son enthousiasme, mais aussi de ses craintes et de ses scrupules. Comment rendre ce qu'il juge lui-même « inrendable » ? Cette inquiétude explique probablement le soin apporté à la composition de ce tableau, selon le principe d'un damier mis en perspective. Au pays des polders et des canaux, l'œil du peintre relève toutes les lignes d'eau découpant le panorama au milieu des étendues bariolées. Ainsi se recrée une mosaïque harmonieuse, illuminée par les éclats du ciel nuageux et animée par la brise des jours nouveaux. Peut-être faut-il ici se souvenir de l'exemple de Johann Barthold Jongkind, seul maître reconnu avec Eugène Boudin. Du peintre hollandais éloigné de sa patrie, Claude Monet a retenu la leçon d'économie plastique, fondée sur le refus de tout ce qui n'est pas essentiel. Ce que, plus tard, Paul Signac résumera par cette déclaration lapidaire au sujet du discret Jongkind : « Jamais de bavardage ; il est concis et net comme Stendhal. Jamais d'affectation. Tout porte. »

Une lointaine préméditation du fauvisme

Au chapitre des particularités de cette toile, l'œil enregistre les différences d'empâtement. Très fournie dans la partie inférieure de la composition, la matière ne cesse de s'alléger au fut et à mesure que le regard monte et que croît l'illusion de l'éloignement. Le double avantage en est que les fleurs y gagnent un réalisme accru dans le même temps que la lumière agrandit vertigineusement l'espace du plat pays. La touche participe de ce processus naturaliste ; très mouvementée au sein des champs de fleurs bercées par le vent, elle s'assagit à l'arrière-plan, là ou, précisément, les effets du souffle printanier ne sont plus perceptibles. Si la dominante rouge frappe au premier regard, la palette de Monet conserve sa subtilité et sa complexité, notamment dans l'application de touches fragmentées qui spéculent sur la décomposition de la couleur. Les toiles hollandaises de 1886 semblant frôlées par la tentation impressionniste, les historiens n'hésitent pas à y découvrir l'augure lointain d'un fauvisme appelé à triompher vingt ans plus tard à Paris. L'observation, cependant, peut tout aussi bien valoir pour Les Tilleuls à Poissy, œuvre antérieure de quatre ans et encore plus audacieuse par son inclination au pur tachisme.

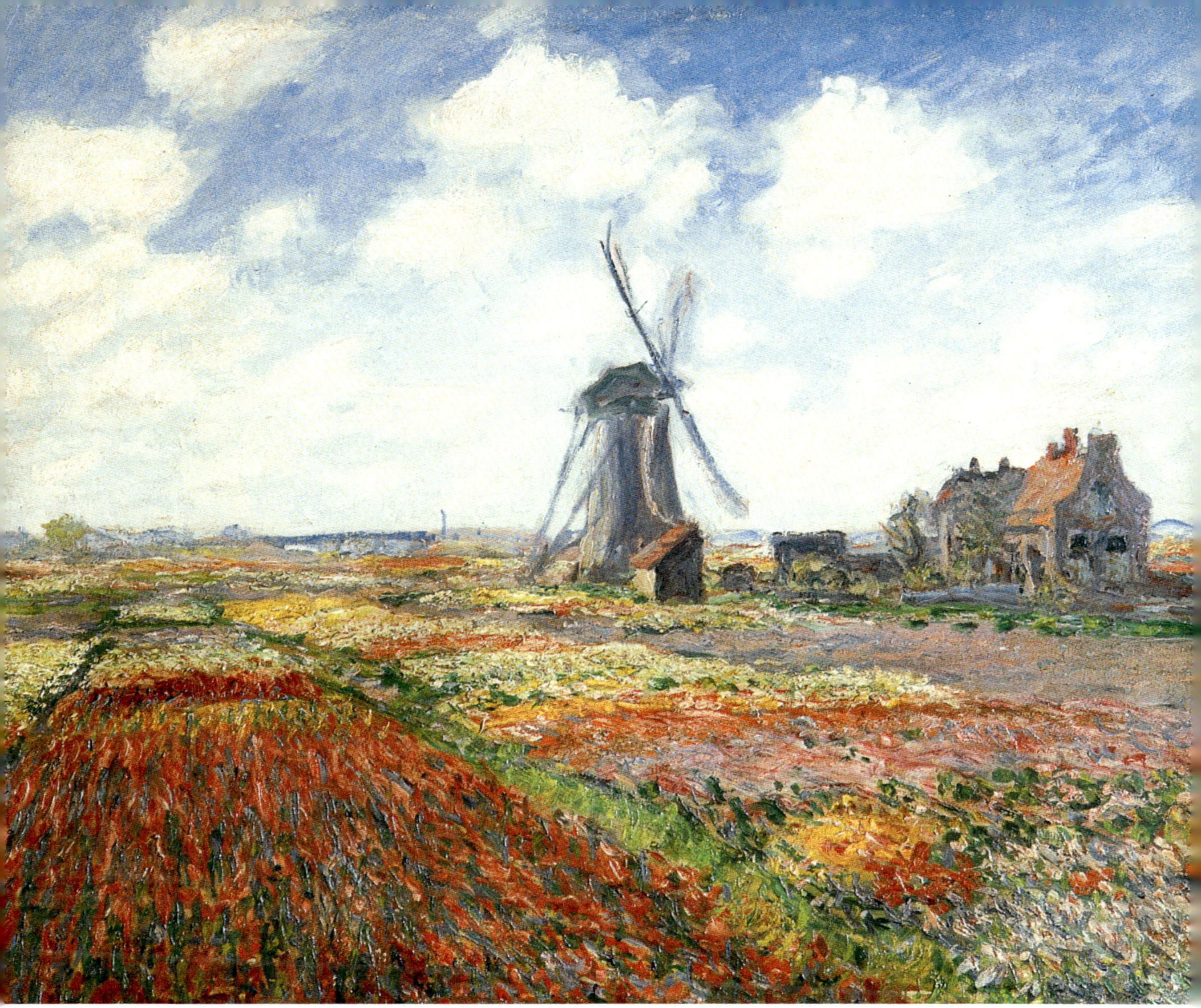

1886,
huile sur toile,
65,5 x 81,5 cm,
musée d'Orsay

Le détail étonnant

Le moulin à vent n'est pas seulement une figure familière du paysage hollandais, destinée à identifier la contrée. Dans sa verticalité massive, il a également pour mission d'unir les deux grandes surfaces plates du ciel et de la terre. Rompant ainsi la monotonie de l'horizon, il ouvre un espace immense à l'arrière-plan, l'impression en étant encore accentuée par la diminution progressive des taches de couleurs qui mènent le regard du spectateur jusqu'à l'infini.

Sous les Peupliers, effet de soleil,
Les peupliers avant *Les Peupliers*

Aux limites du Bassin parisien, sur les rives de la Seine et de ses affluents, nombreux sont les paysages embellis par la longue silhouette des peupliers. Claude Monet semble ne pas y avoir prêté une attention particulière avant la célèbre suite de vingt-trois toiles qu'il réalisera pour l'essentiel en 1891, entre la série des *Meules* et celle des *Cathédrales de Rouen*.

Les peupliers, sentinelles de l'été

Cependant, dès 1887, cette vision bucolique atteste l'intérêt du peintre pour le plus bel arbre des campagnes françaises. Réglée par la superposition de trois bandes horizontales de largeur inégale, la composition du tableau est des plus simples. En bas, un champ aux teintes joyeuses, en haut un ciel d'où la lumière semble pleuvoir. Entre les deux, posée sur la ligne d'horizon, la corniche de la Seine qui se poursuit par le plateau du Vexin. Traversant ce triple plan, les hauts peupliers débordent le cadre de l'œuvre. À leur pied, une jeune femme aux traits vaporeux s'abrite du soleil sous une ombrelle ; la fleur rouge qu'elle semble porter à la ceinture pourrait l'identifier à Suzanne Hoschedé. À gauche, un petit garçon ; peut-être porte-t-il à la main un bouquet fraîchement cueilli et le tend-il à la jeune femme. L'anecdote n'a guère d'importance en soi, si émouvante que soit la touche de tendresse qu'elle offre à la vision. L'essentiel se joue ailleurs, dans le paradoxe d'une composition en plein air qui, en dépit de sa spontanéité, apparaît comme le souvenir lointain d'un instant de bonheur disparu. À l'image de ces visions enfantines qui, closes au plus profond de l'être, retrouvent, sous la plume de Proust par exemple, toute leur magie à l'instant du ressurgissement.

La perfection poétique

Si tous les tableaux de Monet rappellent son credo artistique, selon lequel il n'est rien de plus exaltant, mais aussi rien de plus difficile, que de rendre l'effet lumineux, celui-ci parvient à une sorte de perfection en la matière. Tout dans cette composition poétique, des hautes frondaisons aux collines basses, des personnages solitaires aux fleurs innombrables, de l'azur monochrome à l'herbage bigarré, brille et tremble sous le feu contrasté des ombres colorées et des lumières mouvantes. Rien n'est raconté, tout est suggéré, les couleurs ont pris la place des mots, comme si le peintre était parti à la recherche de l'invisible et de l'immobile, fixant pour toujours l'instant dont il peint moins la réalité que la fugacité. Pourtant, aux antipodes d'un tachisme complaisant, la forme affirme ses prérogatives. Ni la perspective, ni le clair-obscur ni même le modelé ne sont négligés. C'est dans le regard de ses spectateurs, non dans leur esprit, que Monet fait surgir des mondes inédits, inconnus, impensables et pourtant d'une inaltérable évidence.

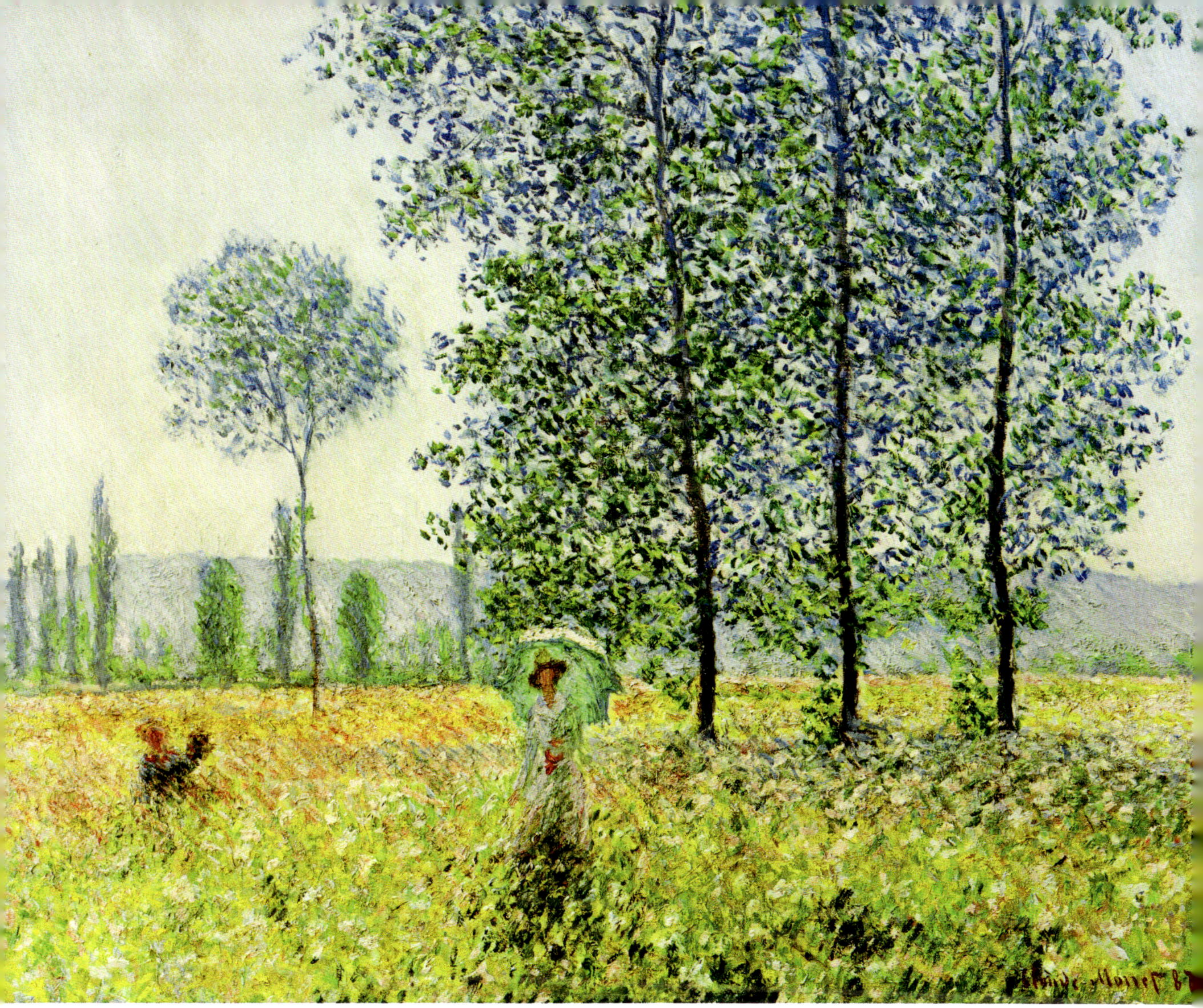

1887,
huile sur toile,
74 x 93 cm,
Staatsgalerie
Stuttgart

Le coup de génie

Le couple de la jeune femme à l'ombrelle et de l'enfant dépassant à peine des hautes herbes est caractéristique de l'œuvre de Monet. Les modèles peuvent changer, le petit Michel remplacer son aîné, Jean, ou Suzanne Hoschedé prendre la place de Camille (les deux femmes meurent toutes deux très jeunes), demeure l'essentiel : un couple improbable, fragile, précaire, comme surgi d'un rêve, mais qui, uni par les liens indestructibles de la tendresse, offre au paysage lumineux et frissonnant une poignante touche d'humanité.

Meules, fin de l'été, effet du matin,
Le travail des hommes, le passage des saisons

De la campagne où il a choisi d'élire domicile, Claude Monet aime tout : les coquelicots, la neige, les arbres, le printemps, l'hiver, etc. Mais c'est seulement avec la série des *Meules*, réalisée pour l'essentiel en 1890-1891, qu'il transforme son royaume en un vaste atelier vivant, inlassablement parcouru par un peintre-explorateur dont tout le matériel se résume à un chevalet et à une boîte de couleurs.

La meule dans la tradition française

Traditionnellement, dans la campagne française, les meules ont une signification bien précise. Formées après la coupe initiale et le regain, elles rappellent que la belle saison touche à sa fin et que se profile déjà, au-delà de l'automne, la perspective d'un hiver au long duquel elles assureront l'approvisionnement du troupeau. Les gerbiers sont nourriciers (herbe, luzerne et avoine) en majorité, mais ils agrègent aussi la paille nécessaire au confort du bétail dans les bergeries et les écuries. Avant d'être remplacées par les tristes bottes ou balles mécaniquement réalisées et transportées, les meules étaient donc le signe de la vie pérenne des campagnes. Protégées dans leur partie supérieure, elles étaient débitrices chaque jour de la quantité de nourriture exigée par le cheptel. Leur répartition dans les champs, par essence aléatoire, provoquait toutes sortes de dispositions, du gerbier solitaire à l'assemblage fourni de plusieurs meules, dressées comme des menhirs.

La lumière du matin

Monet ne s'est pas privé d'exploiter cette disposition variée, multipliant les arrangements. Ici, on ne trouve que deux meules d'inégale importance, celle de droite occupant le premier plan, celle de gauche étant située en retrait et donc occupant une place moindre à la surface de l'œuvre. S'il n'est pas toujours aisé de déterminer le moment de la pose dans la série des Meules, ce tableau ne pose aucun problème, l'effet de lumière matinale ayant été conçu en direction des hauteurs de la rive gauche de la Seine. Les deux meules sont solidement posées sur l'herbe, mais une intense vie lumineuse leur confère une aura étrange, qui suggère à son tour des relations infiniment complexes entre ce temps, apparemment figé, et la lumière, chargée de toute sa puissance immobile. Le monde de l'été finissant vibre devant nous, dans les bruits sourds et les parfums grisants de l'été. Le célèbre critique Gustave Geffroy ne s'y trompera pas, lors de l'exposition de 1891, relevant face à l'impressionnante série des Meules, que Claude Monet « donne la sensation de l'instant éphémère, qui vient de naître, qui meurt et en même temps évoque sans cesse la courbe de l'horizon, la rondeur du globe, la course de la terre dans l'espace, résume la poésie de l'univers dans un espace restreint ».

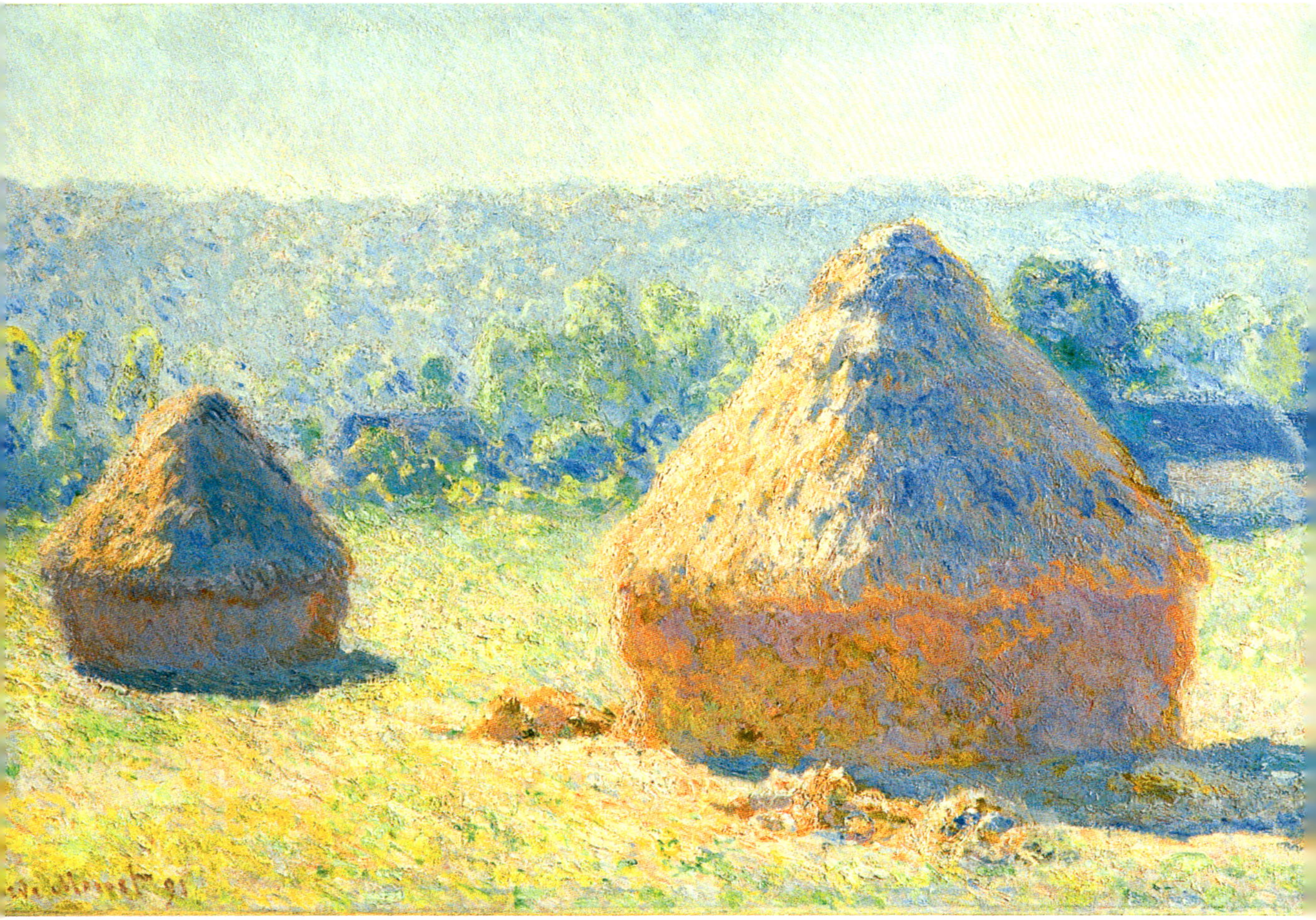

1890,
huile sur toile,
60 x 100 cm,
musée d'Orsay

Le coup de génie

Le plus fascinant dans le génie de Monet est sa claire conscience de l'inaccessibilité du but vers lequel tend pourtant toute son énergie. Rejoignant Paul Cézanne, il prend acte des difficultés à surmonter pour approcher cet idéal : « Je deviens d'une lenteur à travailler qui me désespère, mais plus je vais, plus je vois qu'il faut beaucoup travailler pour arriver à rendre ce que je cherche : « l'instantanéité » ; surtout l'enveloppe, la même lumière répandue partout et plus que jamais les choses faciles, venues d'un jet, me dégoûtent. » (13 avril 1892)

Meule, effet de neige le matin,
« rendre le temps, l'atmosphère, l'ambiance »

Avec cette succession de meules, Monet cherche avant tout – dans la pure philosophie scientiste du temps – un processus esthétique l'autorisant à établir une véritable théorie de la lumière en plein air. Avec pour sujet d'étude privilégié, la meule, masse de forme élémentaire, mais de facture complexe, miroir mouvant d'une lumière perpétuelle.

La chronique du monde

Aussi, pour dire la chronique du monde, la fraîcheur limpide du matin, la chaleur du jour, l'assombrissement du crépuscule, use-t-il d'un arsenal de couleurs variées, claires ou saturées, amincissant et épaississant la matière au gré des heures, des jours, des saisons. La meule solitaire de ce tableau se trouve près de la maison de l'artiste, dans le pré dit clos Morin. Une première observation porte sur l'harmonieuse inscription de cette masse dans un cadre dont elle frôle le bord supérieur, tandis que son ombre court jusqu'à l'extrémité inférieure. Une étude plus creusée révèle toute la force de l'apparent fouillis de touches et de nuances qui gouvernent les surfaces lumineuses ou obscures de la meule. Enfin, à considérer l'œuvre dans sa totalité, il se vérifie qu'elle est tout à la fois née de l'impression ressentie face au spectacle naturel, de l'improvisation réalisée en plein air par souci de vérité, de la composition, parachevée à l'atelier. Si l'on ajoute la toute-puissance de la nécessité intérieure dans ce processus, c'est toute la pensée future de Vassili Kandinsky qui, déjà, est ici en germe.

La révélation de Kandinsky

Les *Meules* ne constituent pas seulement un chef-d'œuvre de l'art du temps. Dès leur première exposition, en mai 1891, elles ouvrent d'inimaginables horizons à la peinture, au moment même où les progrès de la photographie inquiètent les artistes qui, à la suite de Charles Baudelaire, dénient tout caractère artistique à ce « procédé mécanique ». C'est à Kandinsky, pionnier de l'art abstrait que revient le dernier mot. Découvrant l'exposition impressionniste de 1896, il est ébloui « en premier lieu - écrit-il - par la *Meule de foin* de Monet [...], un évènement qui marqua ma vie entière et qui me bouleversa jusqu'au plus profond de moi-même. Ce fut l'exposition des impressionnistes à Moscou [qui eut lieu dans la capitale russe en 1896, un an donc avant le départ du peintre pour Munich]. Soudain, pour la première fois, je voyais un tableau... Je sentais confusément que l'objet faisait défaut au tableau... Tout ceci était confus pour moi, et je fus incapable de tirer les conclusions élémentaires de cette expérience. Mais ce qui m'était parfaitement clair, c'était la puissance insoupçonnée de la palette qui m'avait jusque-là été cachée et qui allait au-delà de tous mes rêves. La peinture en reçut une force et un éclat fabuleux » (*Regards sur le passé*, 1912).

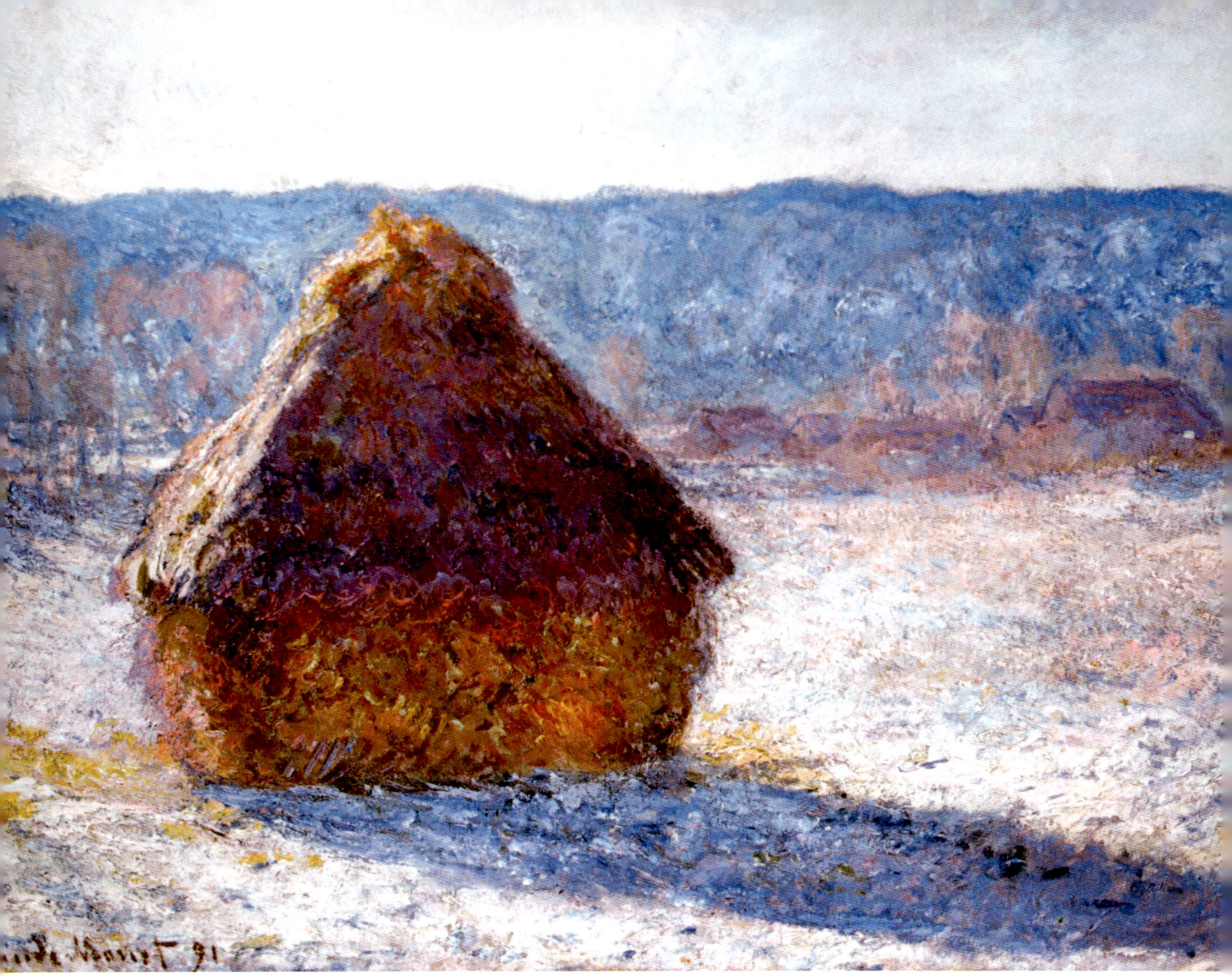

1891,
65 x 92 cm,
huile sur toile,
Museum of Fine Arts,
Boston

Le coup de génie

Les spectateurs des *Meules* y pressentent la naissance d'une esthétique de l'éphémère. La lumière naît et l'objet surgit avec elle. Elle change et l'objet change en même temps qu'elle. Elle s'éteint, l'objet disparaît. La vie et la mort ne sont plus les termes de cette chronique visuelle ; les lueurs courent sur l'horizon, s'estompent, disparaissent pour revenir. C'est toute la magie visuelle du monde qui est ainsi chantée sur les humbles gerbiers normands.

Les peupliers au bord de l'Epte, automne,
Symphonie d'arrière-saison

Petit affluent de la Seine qu'elle rejoint à proximité de Giverny, sur la rive droite du fleuve, l'Epte a un temps marqué la frontière entre la Normandie et l'Île-de-France, les deux régions dans lesquelles se déroule l'essentiel de la vie et de la carrière de Monet. Les peupliers qui la bordent, plus précisément ceux qui longent le marais de Limetz (commune limitrophe de Giverny), sont à l'origine de la célèbre série homonyme.

À la poursuite d'une lumière fuyante

Après les *Meules*, avant les *Cathédrales de Rouen*, la série des *Peupliers* s'étend sur une grande partie de l'année 1891. Elle regroupe une vingtaine de toiles, variations lumineuses et chromatiques sur le grand arbre dont le peintre tente de restituer le caractère atemporel au hasard des mois de l'année et des heures de la journée. La spontanéité est alors le maître mot de l'esthétique de Monet. À ce sujet, nous disposons du témoignage précieux d'une jeune artiste américaine, Lilla Cabot Perry, à laquelle l'auteur des *Peupliers* a confié la difficulté de saisir un effet lumineux, par essence précaire. Pour l'une des versions de 1891, la pose, en raison de la dissipation de la lumière, n'aurait duré que sept minutes ! Délai d'autant plus étroit que le peintre, qui travaille depuis son embarcation, y est assez mal à l'aise, se plaignant dans sa correspondance de ne pas pouvoir bénéficier d'un support plus large et plus stable. Il est d'ailleurs frappant de vérifier, à cette occasion, combien le grand artiste se désole souvent de ne pas parvenir à rattraper cette lumière qui fuit perpétuellement, surtout en automne. Le 19 octobre de la même année, il se lamente ainsi auprès de son marchand, Durand-Ruel, de ce qu'il ressent comme un échec: « Je n'ai eu que des déceptions et des difficultés avec mes pauvres arbres dont je ne suis pas du tout satisfait ! »

La nature, comme une estampe décorative

Dans cette version, le mouvement est réglé par la grande courbe de la rivière que bordent les hauts peupliers, le regard du peintre portant vers l'amont. Les arbres élancés sont traités de façon délibérément décorative, en teintes vibrantes appliquées d'une touche étonnamment libre. Mais le bariolage désordonné de leurs frondaisons, sur fond de nuées claires et agitées, est combattu par l'impeccable verticalité de leurs troncs, effet de contraste doublé par le phénomène de reflet à la surface de la rivière. Au total, le sentiment qui l'emporte est celui d'une instantanéité délibérée, la force de la vision étant en raison directe de sa brièveté. D'où, notamment, les fulgurances de couleurs qui, en taches bariolées, irradient le miroir mouvant du cours d'eau, et dont on retrouve également l'effet scintillant sous les feuillages agités des grands arbres bleus et sur le talus indéterminé de la rive gauche.

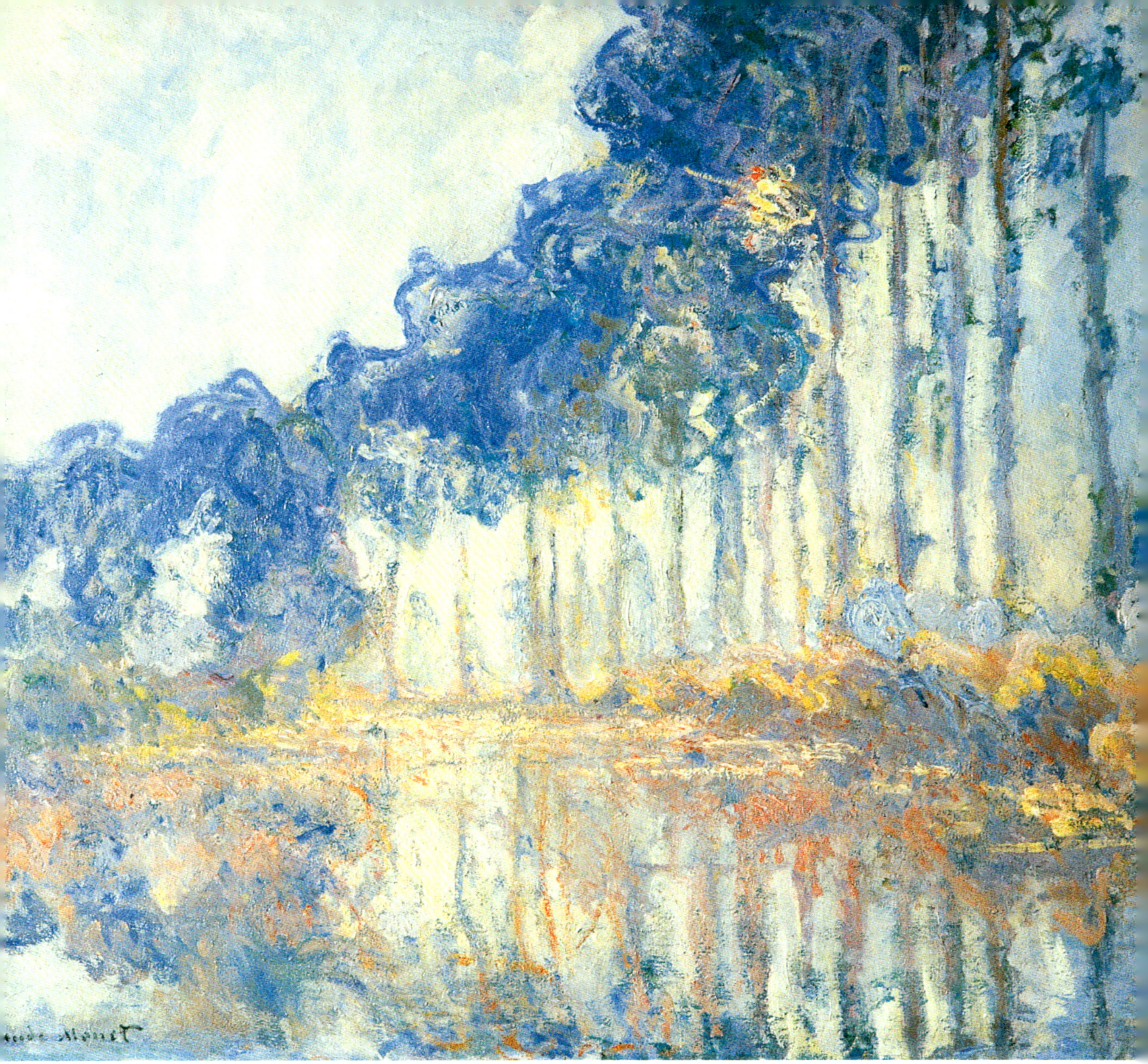

1891,
huile sur toile,
80 x 92 cm,
collection particulière

Le coup de génie

L'angle de vision des toiles consacrées aux peupliers par Monet surprend souvent. Le plus fréquemment, cette surprise vient de ce que le peintre ne travaille pas sur la terre ferme de la rive, mais à partir de son embarcation. Une telle disposition lui permet, d'une part de choisir des perspectives inédites, d'autre part d'accentuer fortement le sentiment visuel de contre-pongée. La hauteur et la verticalité des grands arbres y gagnent de façon saisissante.

Les peupliers, trois arbres roses, automne,
Mélancolie automnale

Le 8 octobre 1891, Claude Monet fait l'acquisition de l'île aux Orties, lieu d'amarrage de son embarcation. Démonstration de son attachement croissant pour cette contrée qui ne cesse de l'inspirer, cet achat est aussi la conséquence d'un différend l'opposant au nouveau propriétaire du marais de Limetz ; un accord à l'amiable permettra au peintre de faire retarder l'abattage programmé des grands arbres qui forment son principal sujet de travail.

La saison dorée

Dans cette version tardive des *Peupliers*, la composition tripartite reste plus que jamais de rigueur. Aux trois bandes horizontales de la rivière, de la berge et du ciel, répondent ainsi les trois hautes silhouettes des peupliers du premier plan. Les teintes sont résolument automnales, le vent agite les feuillages des arbres aussi bien que les roseaux de la rive, l'air est humide, la brise fraîchissante. La variété de la touche continue de régir l'application des couleurs : à cet égard, rien de plus instructif que la vigoureuse opposition diagonale de la flore aquatique et des ramées éparpillées dans le ciel. Surtout, en dépit de la bigarrure bleu-vert de la frange inférieure du talus fluvial, Monet illumine son œuvre d'une couleur dorée, caractéristique de la belle arrière-saison en Île-de-France et en Normandie. Une couleur dorée qui glisse sur la trace étirée des troncs, qui se reflète à la surface de la rivière, qui sourd des nuées célestes, qui frissonne enfin dans les feuillages secoués par la brise.

Une nouveauté immédiatement saluée

La légende de l'incompréhension systématiquement rencontrée par les grands créateurs en leur temps ne résiste guère à l'analyse historique. Ainsi de Claude Monet. Pour novateur qu'il soit, son principe de séries dédiées au même sujet rencontre un succès immédiat auprès du public. Déjà, l'année précédente, les *Meules* avaient éveillé un écho favorable et trouvé nombre de clients. Le succès des *Peupliers* sera encore plus net, matérialisé par les comptes-rendus bienveillants de la presse et par plusieurs achats, au cours de l'exposition organisée, dès janvier 1892. Pour Monet, désormais, la route de la gloire ne sera plus barrée d'aucun obstacle.

LE COUP DE GÉNIE

Dans la série des *Peupliers*, l'artiste exploite deux propositions visuelles dominantes : la verticalité des troncs et l'arabesque des alignements. Ici, il choisit de les unir selon une disposition originale : au premier plan, le mur vertical des trois fûts effeuillés, à l'arrière-plan, l'immense courbe des feuillées fuyant vers l'horizon au flanc de la rivière. L'œil est ainsi sollicité pour un mouvement perpétuel d'aller et retour qui lui ouvre un espace illimité.

1891, huile sur toile, 92 x 73 cm, Museum of Art, Philadelphie

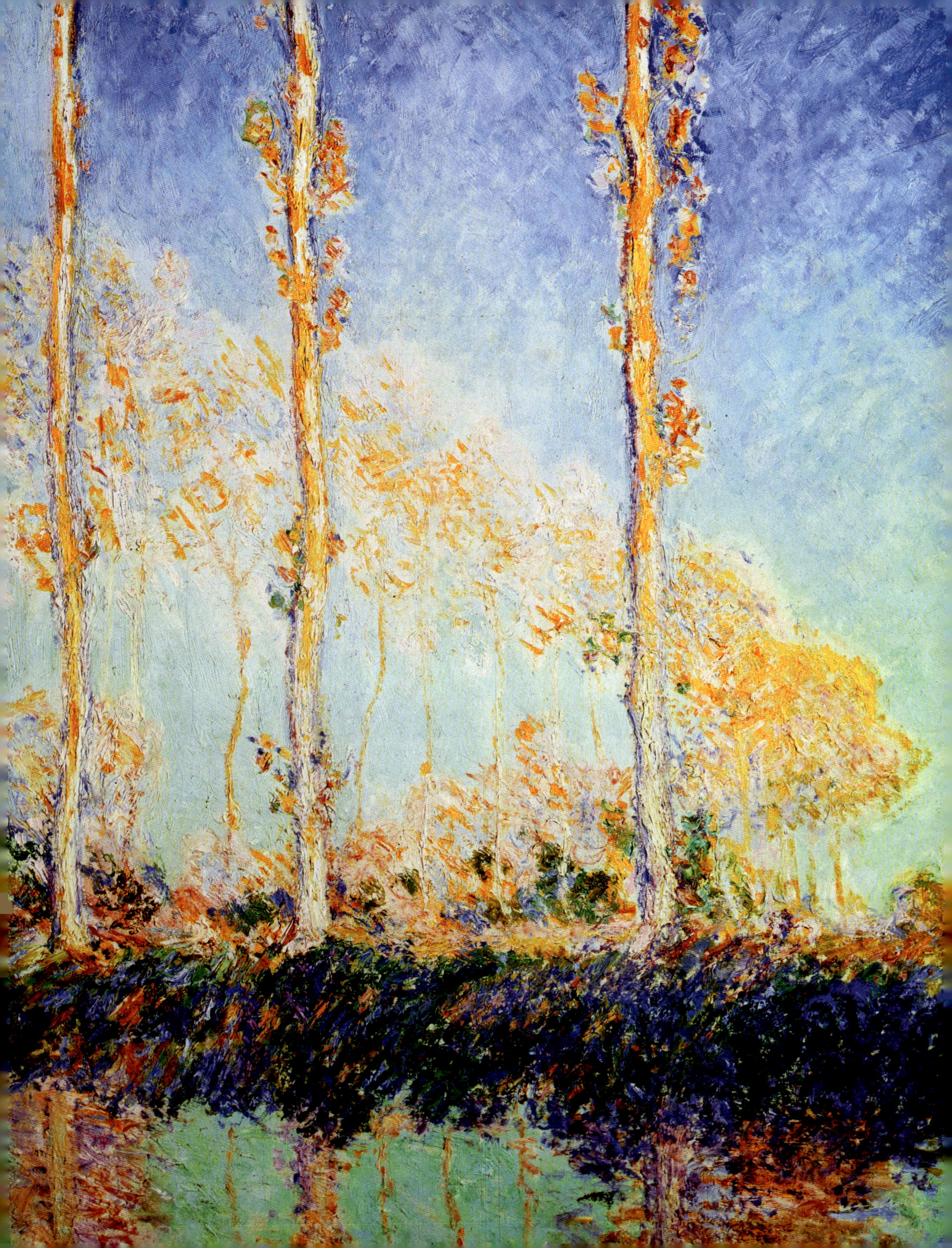

Cathédrale de Rouen, portail, temps gris,
L'éphémère contre le colossal

C'est au hasard d'une simple affaire d'héritage que nous devons l'illustre série des *Cathédrales de Rouen*. Appelé dans la cité normande pour y régler un problème de legs avec son frère, Claude Monet s'installe en février 1892, au 31 de la place de la Cathédrale, juste en face du grand édifice gothique. Immédiatement sollicité par les mouvances de la lumière sur la façade colossale, il entreprend de les rapporter sur ses toiles, conscient des obstacles à surmonter : « c'est une rude besogne que j'entreprends là », écrit-il le 12 février à sa compagne, Alice.

La cathédrale, écran sensible

Étrange entreprise, en effet, que cette restitution de toutes les nuances de l'éclairage naturel sur les murs de l'église, du soir au matin. Surtout à Rouen, dont l'instabilité climatique est presque légendaire. Soleil et pluie s'y succèdent sans trêve et sans avertissement, quand le brouillard ou l'écran des nuages ne viennent pas en brouiller les effets. Ce ne sera pas la moindre réussite de cette série que la fusion de l'impalpable et du solide, dans les jeux versatiles d'une lumière qui miroite jusqu'au plus profond des embrasures.

Les aléas du lieu

De son premier logis, Monet avait une vision frontale de Notre-Dame de Rouen. Mais le bruit de travaux l'en ayant chassé, il trouve un autre poste d'observation, tout proche, au 23 de la place de la Cathédrale. Installé au premier étage d'un salon d'essayage de lingerie (au grand émoi des clientes !), il assure sa tranquillité par l'installation d'un paravent et poursuit sa quête. Le 26 mars, il écrit à Alice qu'il a « pu travailler à deux toiles de temps gris ». L'une d'elles est probablement cette vision, qui se signale par une attention extrême portée à la ramification des lignes architecturales, toutes déterminées par une lumière franche, dans un contexte général de triste grisaille. Ainsi voit-on jaillir le haut gâble triangulaire du portail central devant la large rose traitée en bleus discrètement incandescents. Autre détail révélateur, le peintre a bien relevé que le portail de droite est seul à rester partiellement ouvert. Le rectangle sombre de son accès n'invite guère, cependant, à pénétrer dans le temple d'une religion à l'endroit de laquelle l'artiste se montre indifférent.

LE COUP DE GÉNIE

Le caractère le plus étonnant de la série des *Cathédrales* est peut-être son parti-pris d'un point de vue unique. Relativement aux *Meules* et aux *Peupliers* d'un passé tout récent, ou à l'univers à venir des *Nymphéas*, les *Cathédrales* reproduisent systématiquement le même objet, en dépit de légères variations dans la détermination du cadre ; aussi la quête obstinée des variations lumineuses parvient-elle ici à son accomplissement.

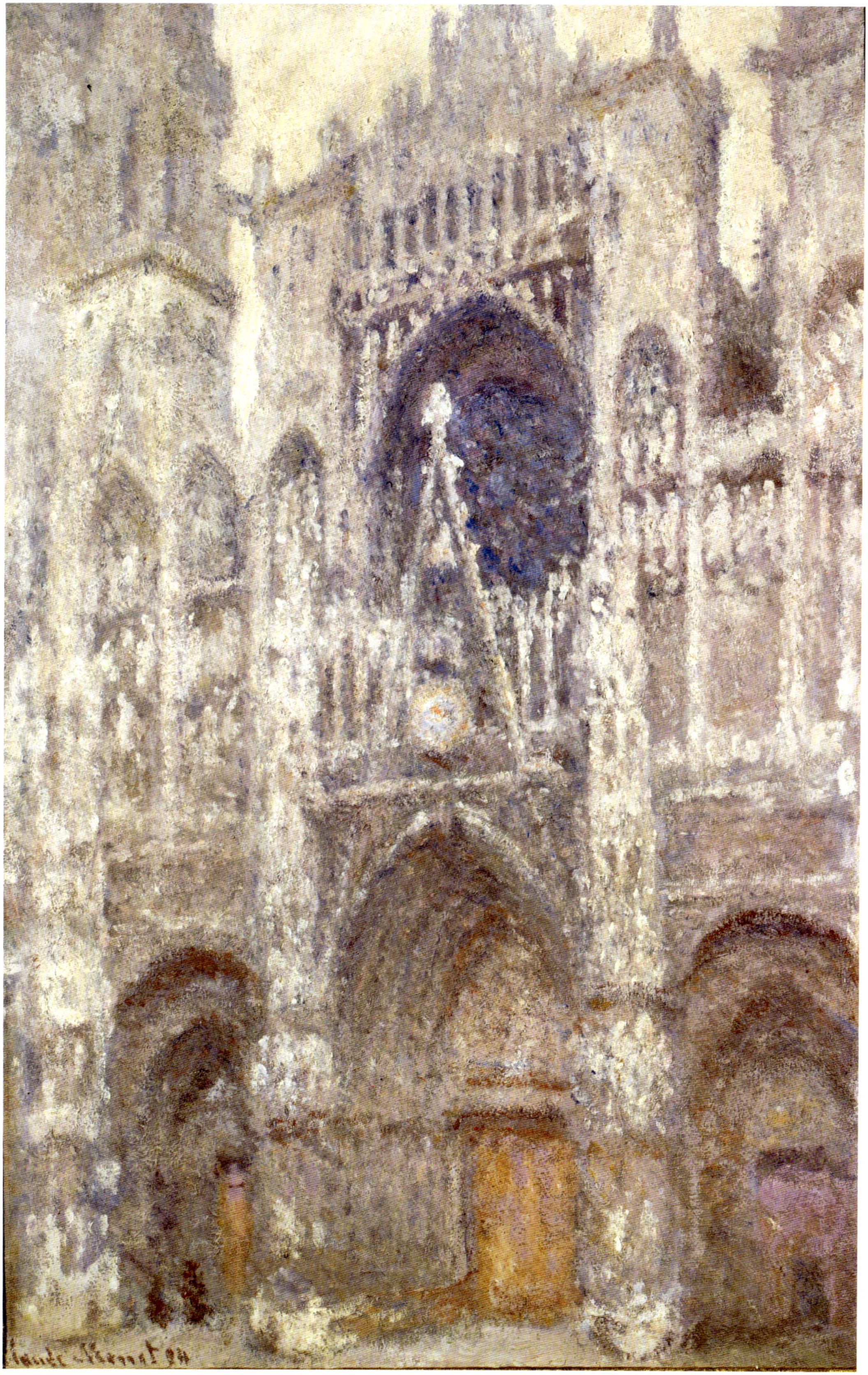

1892,
huile sur toile,
100 x 65 cm,
musée d'Orsay

Cathédrale de Rouen, portail et tour Saint-Romain, effet du matin ; harmonie blanche,

La cathédrale, écran sensible

« Mon séjour ici s'avance, cela ne veut pas dire que je suis près de terminer mes cathédrales. Hélas ! je ne puis que répéter ceci : plus je vais, plus j'ai de mal à rendre ce que je sens, et je me dis que celui qui dit avoir fini une toile est un terrible orgueilleux. Finir voulant dire complet, parfait, et je travaille à force sans avancer, cherchant, tâtonnant, sans aboutir à grand-chose, mais au point d'en être fatigué. » (Lettre de Claude Monet à Paul Durand-Ruel, 30 mars 1893)

Précision des lignes, indétermination des masses

Pour maladroite que puisse paraître l'expression du désarroi de l'artiste, elle n'en témoigne pas moins de sa farouche volonté de réussir sa gageure : conférer à la peinture impressionniste une solidité égale à celle du grand édifice gothique, qui a traversé les siècles sans rien perdre de sa splendeur. Au moment où il écrit ces lignes, Monet a encore changé d'emplacement. Désormais, c'est depuis le n° 81 (aujourd'hui, le 47) de la rue du Grand-Pont qu'il observe la cathédrale. Ce qui explique l'irruption, à la gauche de la tour Saint-Romain, de quelques-unes des maisons voisines. Cette précision dans la détermination topographique du cadre de la composition sera très vite relevée par les commentateurs et les amènera à reconsidérer en termes positifs le caractère prétendument excessif d'une manière « poussée aux dernières limites de l'empâtement » (Eugène Boudin).

Un art programmé par la lumière des heures

Bien au-delà de leur stricte essence picturale, les Cathédrales ont appris au public à penser différemment la perception de l'art monumental. Il aura fallu attendre le peintre de Giverny pour s'aviser que la lumière change constamment sur les architectures qui la réfléchissent et qui en transforment l'apparence jusqu'à la métamorphose. Dans cette version du printemps 1893, l'heure matinale diapre les « murailles merveilleusement exécutées » (Paul Signac) d'un éclat qu'il sera impossible de retrouver à une autre heure de la journée.

Et l'on comprend mieux, alors, pourquoi Monet a poussé le scrupule jusqu'à faire déplacer l'heure de ses repas, pour ne jamais manquer le rendez-vous de l'éclairage choisi.

LE COUP DE GÉNIE

Décalant légèrement sa vision de la cathédrale vers la droite, Monet s'ouvre un espace au nord de l'édifice. Il en profite, d'une part pour fixer la grande église au cœur de la cité dont les maisons flanquent l'extrémité nord, d'autre part pour ouvrir un espace céleste, balisé par le vol d'oiseaux lointains. Le jaillissement de la tour Saint-Romain vers les nuées, souligné par l'éclaircissement de la matière dans la partie supérieure, n'en est que plus suggestif.

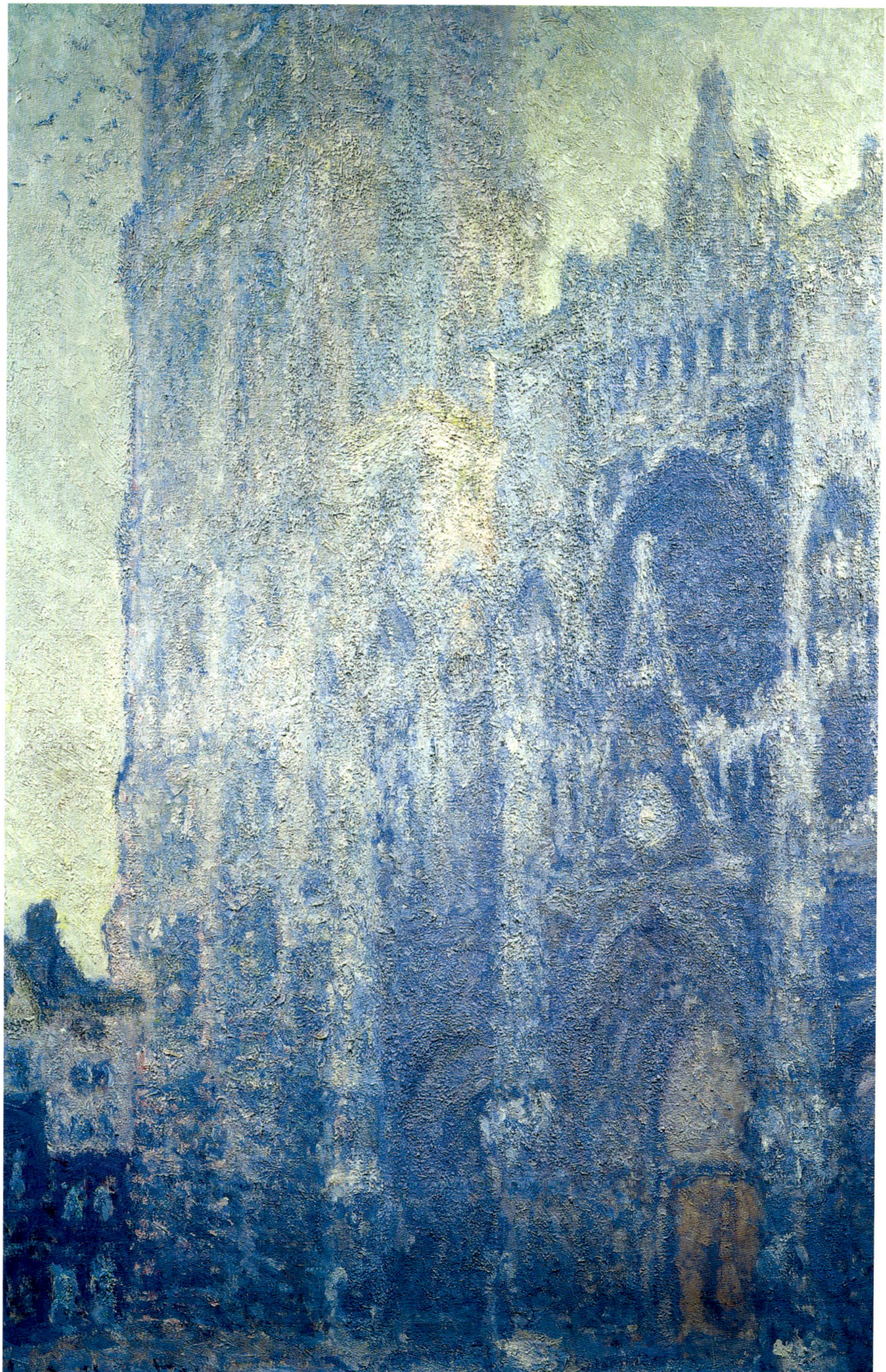

1893,
huile sur toile,
106 x 73 cm,
musée d'Orsay

Cathédrale de Rouen, plein soleil,
Aux frontières de l'éblouissement

De même que les séries ultérieures des vues de Londres et de Venise seront relevées en plein air et terminées à l'atelier, la suite des *Cathédrales de Rouen* est complétée dans l'intimité de Giverny, ce qui explique la datation systématique de 1894 pour des œuvres exécutées, au moins en grande partie, un ou deux ans plus tôt. Recul sans doute nécessaire pour que l'artiste, toujours aussi incertain de ses objectifs et mécontent de ses résultats, porte sur ses ultimes chefs-d'œuvre un regard apaisé.

La lumière intérieure

« Je suis moins mécontent que l'an dernier, et je crois que quelques-unes de mes *Cathédrales* peuvent aller. » Peut-être Monet songeait-il alors à cette version « plein soleil » qui semble dissiper toutes les incertitudes et toutes les obscurités pour affirmer la plénitude d'une lumière intense. Une lumière non plus réfléchie par les creux et les pleins de la cathédrale, mais directement issue de ses maçonneries. La fusion de la pierre et de l'air parvient ici à un tel point de perfection qu'il devient impossible de savoir si Monet peint un édifice révélé par la lumière, ou s'il restitue cette même lumière, mise à jour par sa rencontre avec l'édifice.

Une gloire rentable

L'année 1894 est donc, en partie, consacrée à l'achèvement ou au remaniement de la série des *Cathédrales*, dont vingt toiles seront exposées à la galerie Durand-Ruel, à partir du 10 mai 1895. L'artiste est alors de retour d'un voyage en Norvège et a scrupuleusement choisi les versions présentées au public. De cette manifestation, la presse rend un compte enthousiaste, corroboré par l'admiration de presque tous les artistes et hommes de lettres, auxquels le nom de Monet est désormais familier. Le succès commercial est aussi au rendez-vous, chaque toile étant proposée au prix, exceptionnel pour l'époque, de 15 000 francs. Habité par la hantise de l'échec jusqu'à la cinquantaine, Claude Monet prend enfin conscience de sa valeur, de l'importance prise par son œuvre dans le regard des amateurs. Symptomatique est la réticence qu'il manifeste, à cette occasion, lorsque Durand-Ruel lui demande de rabattre 3 000 francs sur ses prétentions. Parvenu à l'aisance, une aisance qui se transformera progressivement en véritable fortune, le peintre saura se montrer de plus en plus exigeant.

LE DÉTAIL ÉTONNANT

Le motif central de cette toile est très éclairant quant à la manière de Monet. D'une grande clarté quand on l'observe à distance, il se révèle incroyablement fouillé et complexe, dans une vision rapprochée. C'est que Monet excelle à accumuler les touches donnant corps à l'idée du monument dans le même temps qu'il en trace vigoureusement la structure au long des saillies claires qui conduisent la lumière.

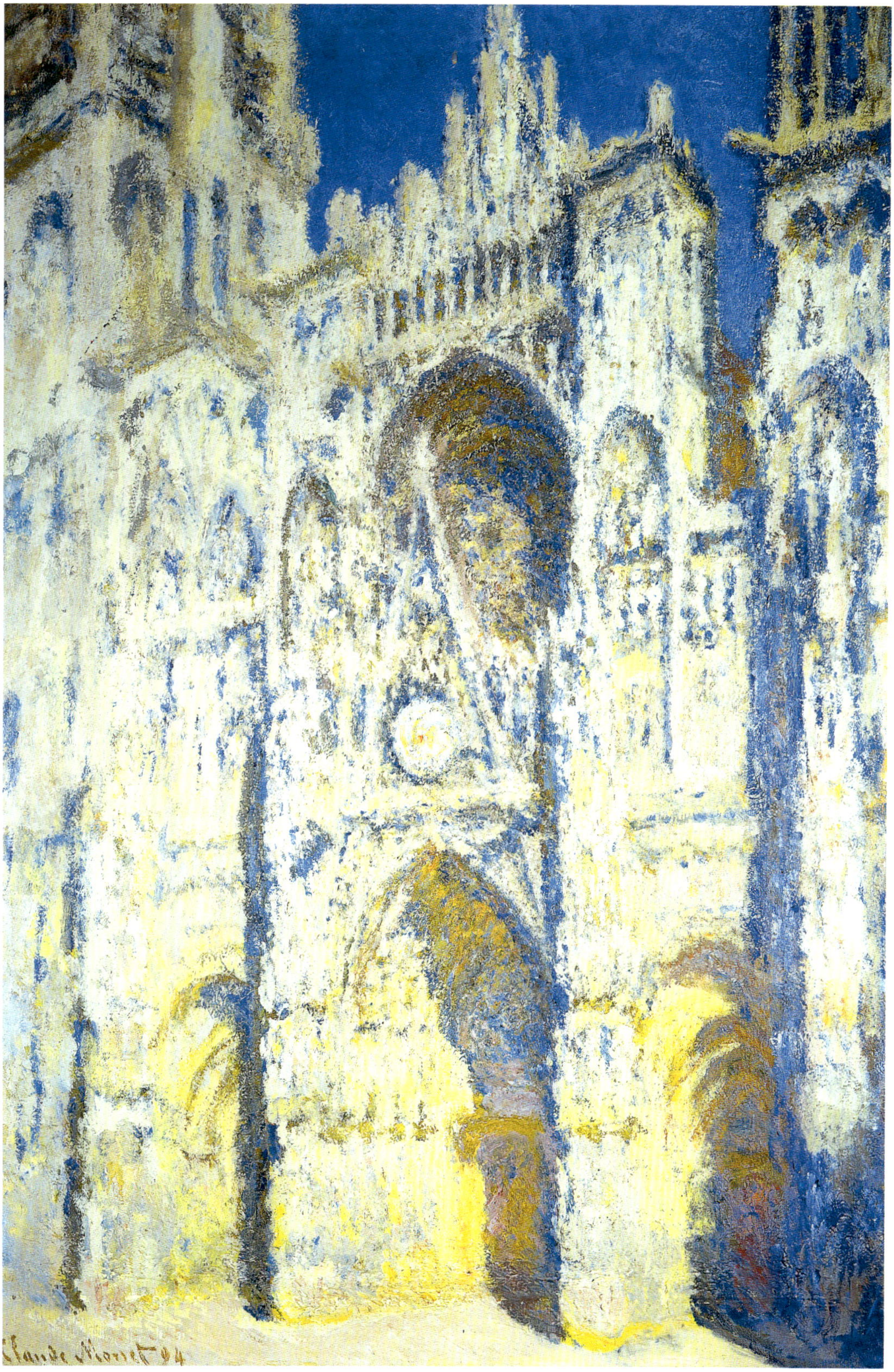

1894,
huile sur toile,
107 x 73,5 cm,
musée d'Orsay

Bassin aux nymphéas, harmonie verte,
Une poésie muette

Dans les trente ans dernières années de sa vie, Claude Monet s'attache à peindre tous les visages de son merveilleux jardin de Giverny, dont la pièce maîtresse n'est autre que le célèbre bassin aux nymphéas. Le nymphéa (terme grec quasiment synonyme du nénufar, mot d'origine persane) désigne une plante aquatique aux formes et couleurs innombrables. Dans les centaines de compositions qu'il lui consacre, le peintre, désormais libéré de tout souci matériel, en use comme d'un thème aux inépuisables variations et développements.

Le jardin extraordinaire

Entamés dès 1893, les travaux d'aménagement du terrain, acquis par Monet le 5 février de la même année, sont suffisamment avancés en 1895 pour qu'il réalise une première version du pont japonais. Mais c'est seulement à partir de 1898 que naissent les tableaux représentant fidèlement cet élément essentiel du paysage de Giverny. Pour les toutes premières versions du bassin aux nymphéas, Monet choisit un format proche du carré et concentre la vision sur le petit pont qui franchit la surface aquatique aux mille fleurs, les berges et le ciel disparaissant sous l'assaut d'une végétation proliférante. L'effet d'immersion est brutal, accentué par la présence du buisson de gauche qui, éloignant le pont, donne au spectateur l'illusion que quelques pas seulement le séparent de la passerelle. En arc galbé, cette dernière bondit dans l'espace devant le rideau tombant des saules. Sur l'eau, la lumière papillonne, éclatante par endroits, assourdie ailleurs, très différente selon les motifs sur lesquels elle cascade.

Une paisible fraîcheur

Le plus étonnant est que cet écrin de végétation foisonnante ne crée aucune sensation d'enfermement. L'air circule entre les saules et les glycines, sous la passerelle, au ras de l'eau. Une délicieuse illusion de fraîcheur parfumée se dégage de l'ensemble, fruit d'un assemblage concentré de nuances aussi délicates que variées. La gamme infinie des verts, des bleus et des violets mis en œuvre par l'artiste traduit la grande paix d'une nature affranchie, bien que domestiquée par le génie de l'homme, comme l'atteste la parfaite mise en perspective du petit plan d'eau.

Le coup de génie

Avec cette vision précoce du jardin d'eau de Giverny, Monet inaugure une étape nouvelle de la peinture. Il s'agit moins de regarder la nature mouvante que de s'y enfouir, d'en subir les contraintes de temps et d'espace, d'évoluer avec elle, d'y flâner comme un promeneur. Rien n'y est complètement réglé, tout s'y inscrit sous le signe de la fluidité, de la fusion des règnes, d'une dilatation perpétuelle des sensations. Monet invente une poésie qui se passe de mots.

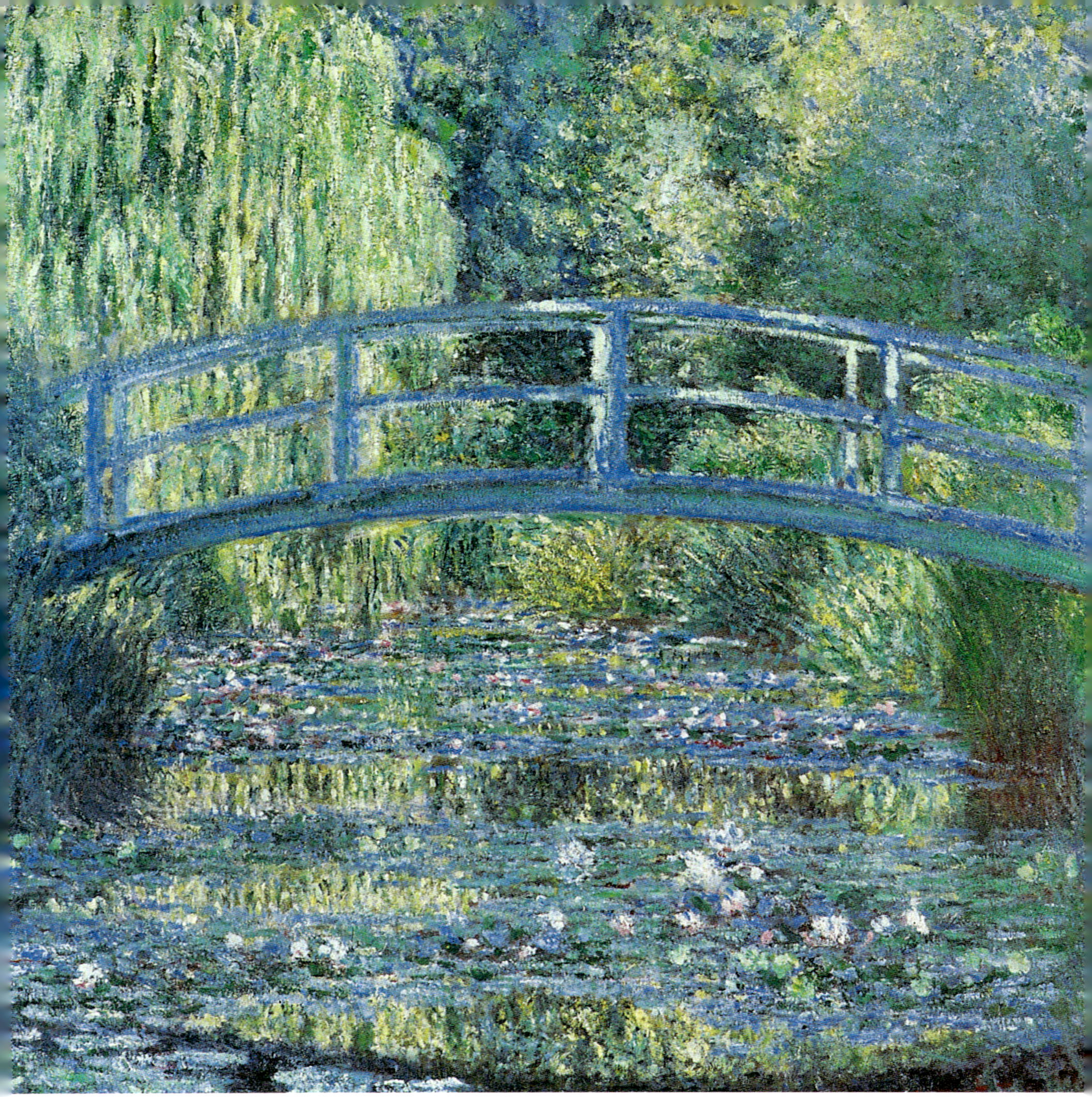

1899,
huile sur toile,
89,5 x 92,5 cm,
musée d'Orsay

« J'ai mis du temps à comprendre mes nymphéas. Je les avais plantés pour le plaisir ; je les cultivais sans songer à les peindre [...] Et puis tout d'un coup, j'ai eu la révélation des féeries de mon étang. J'ai pris ma palette. »

Claude Monet

Le Jardin de Monet, les iris,
Le sacre du printemps

Toujours soucieux du bon entretien de son jardin, Claude Monet multiplie les conseils à ses proches lorsqu'il voyage ou qu'il se trouve en déplacement. Il faut avant tout éviter la malédiction de la gelée en hiver et le risque de la sécheresse en été. Les travaux d'irrigation du jardin d'eau (à partir du Ru, petit affluent voisin de l'Epte) vaudront par ailleurs toutes sortes de tracasseries administratives à l'artiste. Un aspect moins connu de sa propre activité jardinière est la multiplication des plants d'une même fleur, dont les mille nuances formeront le sujet de nombreuses toiles.

Les couleurs de la joie

L'iris figure parmi les fleurs de prédilection du peintre. Cette plante aquatique, dont l'effet décoratif est salué depuis des millénaires, compte quelque deux cents espèces, elles-mêmes multipliées par un nombre incalculable de variétés. Pour Monet, il y a là un champ d'étude sans fin, mais aussi une source de pure joie visuelle. Lui-même conviera souvent ses amis à venir, à Giverny, en admirer la floraison au printemps. Comment ce magicien de la couleur n'eût-il pas été séduit par cet emblème sacré de toutes les nuances de la nature ? Chez les Grecs, Iridos, messagère des dieux, n'avait-elle pas été métamorphosée en arc-en-ciel par Héra ? Symbole du retour glorieux du printemps, dont la fascination s'exerçait déjà dans l'Égypte et dans la Crète antiques, l'iris n'est porteur que de valeurs positives, la joie, la confiance, la vigueur. Pour le peintre au corps vieillissant et à la vue faiblissante, elles constitueront, jusqu'à la fin, un puissant motif de réconfort.

À l'ombre des pommiers en fleurs

Dans cette version de 1900, Monet reproduit quelques-unes de ces larges plates-bandes qui regroupaient des centaines de fleurs identiques, à la monochromie variée. Sous les arbres du verger en fleurs, qui dissimulent le ciel, les iris se distinguent par l'éventail des couleurs et des lumières. Nul n'en a mieux restitué la magie que Marcel Proust, dans un article de 1907, lumineusement intitulé *Les éblouissements*, où il évoque « un jardin de tons et de couleurs plus encore que de fleurs, coloriste, si l'on peut dire, des fleurs disposées en un ensemble qui n'est pas tout à fait celui de la nature, puisqu'elles ont été semées de façon que ne fleurissent en même temps que celles dont les nuances s'assortissent, s'harmonisent à l'infini en une étendue bleue ou rosée, et que cette intention de peintre puissamment manifestée a dématérialisées, en quelque sorte, de tout ce qui n'est pas la couleur. » Le tableau devient la transposition de l'œuvre de la nature. Les bleus, les mauves et les jaunes forment l'essentiel de cette palette qui évoque la délicatesse nuancée des estampes japonaises si fort en vogue au crépuscule du XIXe siècle. Prophétique et novateur, Monet reste l'homme de son temps.

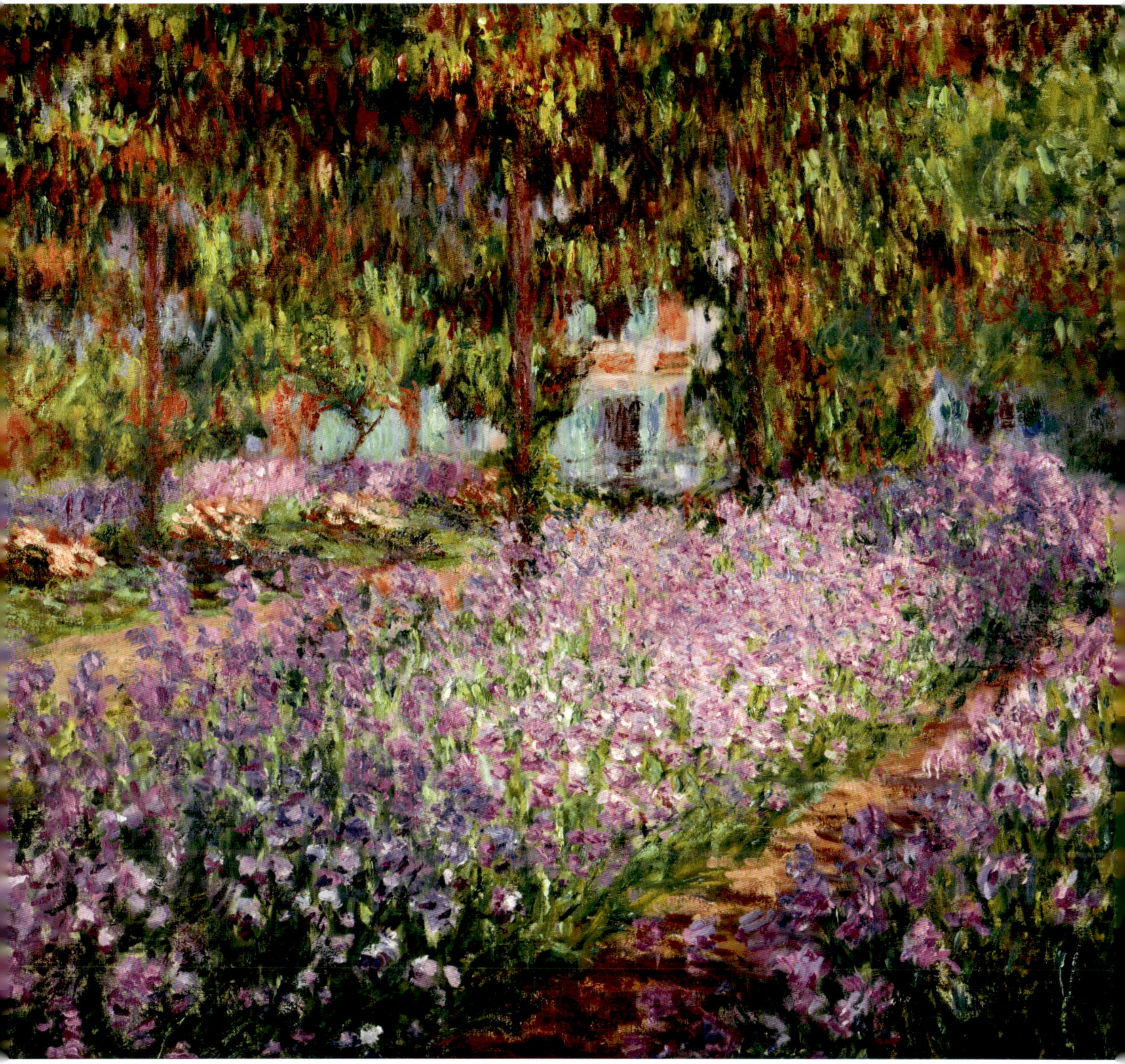

1900,
huile sur toile,
81 x 92 cm,
musée d'Orsay

« C'est toujours la même admiration que j'ai pour l'artiste qui m'a aidé à comprendre la lumière, les nuées... »

Rodin à Monet, 1987

Bassin aux nymphéas, harmonie rose,
Une nature plus émouvante que la nature elle-même

En reprenant le motif du pont japonais sous le signe de l'harmonie verte après l'avoir traité dans les nuances du rose, Monet livre deux certitudes. D'une part, il affirme que la variation de l'effet coloré est devenue son ultime et exclusive préoccupation, d'autre part il indique que le champ expérimental formé par le jardin d'eau constitue désormais le principal – voire unique – vivier de son inspiration. Différents voyages, en France ou à l'étranger, l'amèneront certes à élargir l'éventail de ses thèmes visuels, mais ce sera toujours de façon occasionnelle, dans l'attente du retour à Giverny.

Vers l'accomplissement de toute une vie

Car désormais l'artiste est engagé sans retour sur la voie d'un accomplissement esthétique dont l'apothéose sera constituée par les grands panneaux qui, légués à l'État à l'initiative de Clemenceau, prendront place sur les murs ovales du musée de l'Orangerie. Ici, certes, il n'est pas encore possible de parler d'abstraction, même en termes d'anticipation ; à la fermeté structurelle de la passerelle répond le naturalisme d'une végétation colorée des mille feux de l'été. Mais déjà se laisse pressentir un art qui diluera de plus en plus les motifs identifiables pour ne s'attacher qu'à la restitution de la sensation colorée, particularité qui, au sein de cette toile, se vérifie surtout dans la partie inférieure de la composition.

Une reconnaissance immédiate

Le temps n'est plus où Claude Monet cherchait désespérément à calmer ses nombreux créanciers par le don de tableaux dont personne ne voulait. À peine achevé, *Le bassin aux nymphéas, harmonie verte* est acheté par le marchand Paul Durand-Ruel, qui acquiert par la même occasion la toile jumelle, *Le bassin aux nymphéas, harmonie rose*. Fleuron de l'exposition *Nymphéas*, organisée par la galerie Durand-Ruel et inaugurée le 23 novembre 1900, le tableau remporte tous les suffrages, à commencer par celui de Marcel Proust (« il donnait aux fleurs un sol d'une couleur plus précieuse, plus émouvante que la couleur des fleurs elles-mêmes »). Le riche collectionneur Isaac de Camondo l'achète aussitôt. Il le léguera au musée du Louvre, aux cimaises duquel l'œuvre sera exposée dès 1914.

Le coup de génie

Relativement au *Bassin aux nymphéas, harmonie verte*, cette deuxième version du pont japonais confère une autonomie inédite au paysage, qui apparaît soudain comme animé d'une vie souterraine, presque inquiétante, ne dépendant pas des humeurs et des attentes de l'homme, indifférente à tout ce qui lui est étranger. Témoin patient et scrupuleux, le peintre, convie ainsi le spectateur à partager son observation silencieuse de tout un monde secret en germination, un monde paisible sans ni fièvre, ni langueur, conviant l'homme à l'oubli.

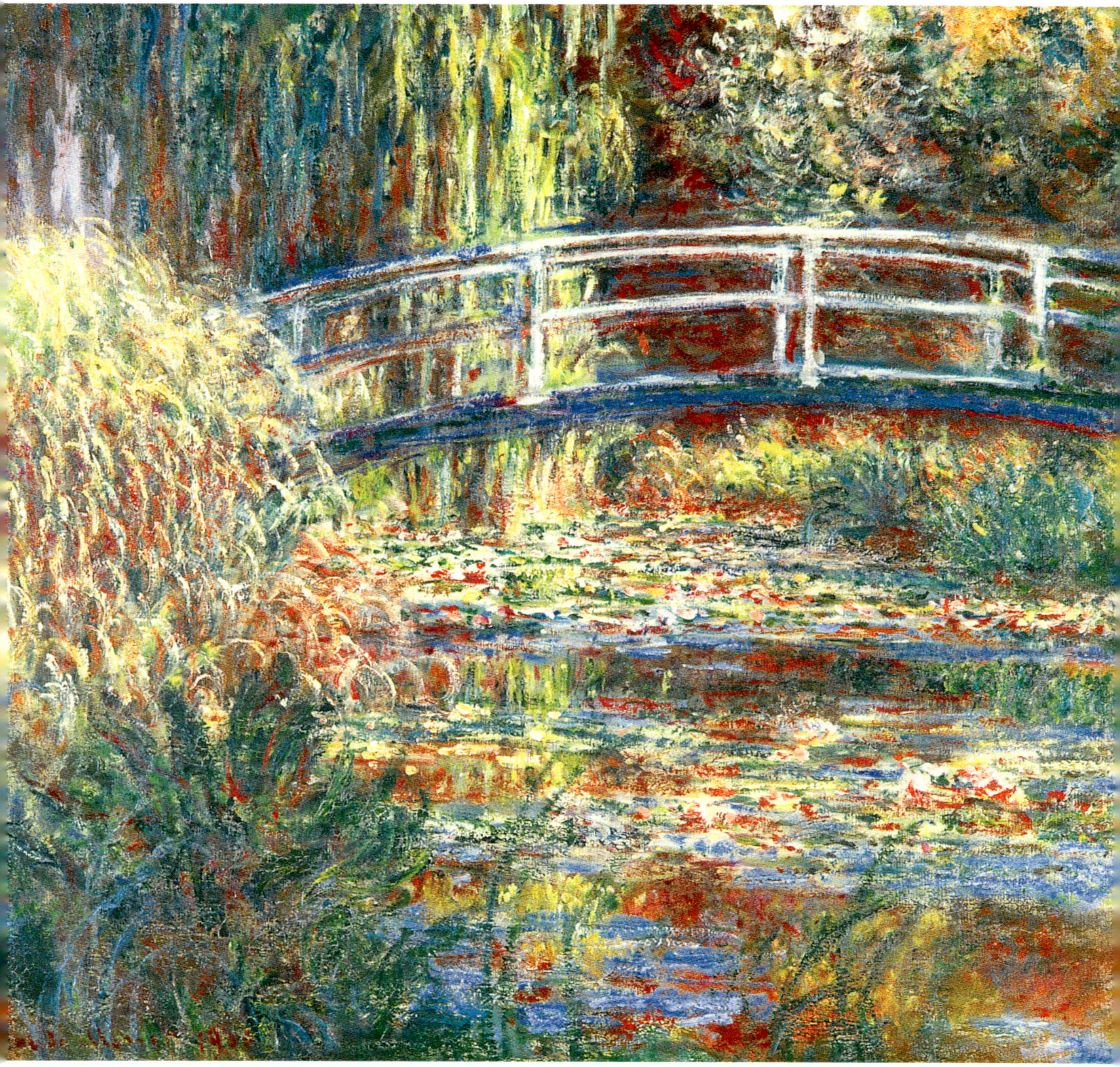

1900,
huile sur toile,
90 x 100,5 cm,
musée d'Orsay

« C'est à force d'observations, de réflexions, que l'on trouve. »

Claude Monet

Étang aux nymphéas,
L'eau vivante

À partir de 1904, Claude Monet se détache progressivement des derniers éléments permettant d'identifier les détails de son jardin d'eau, pour concentrer son attention sur les seuls nymphéas multicolores. Ici, par exemple, le paysage environnant le bassin est réduit à la mince bande de la berge, en partie supérieure, et aux reflets des frondaisons à la surface de l'eau, au premier plan.

L'obsession du reflet

Rien de plus logique qu'une telle démarche pour ce perpétuel traqueur des effets lumineux. Car aucun miroir ne saurait, mieux que celui de son bassin, réfléchir la feuillée des saules, la fragilité massive des roseaux, mais aussi, « l'aspect immuable du ciel avec la marche lente et mélancolique des nuages finissant dans une agonie grise, doucement teintée de blanc ». Le peintre prendra lui-même conscience du caractère obsessionnel de cette poursuite – par nature sans fin et souvent sans objet précis – du fluide, du soluble, de l'impalpable, de l'éphémère. Dans une lettre du 11 août 1908, adressée au critique et historien d'art Gustave Geffroy, il y reviendra, nuançant de nostalgie et d'inquiétude son acte de foi dans la peinture : « Sachez que je suis absorbé par mon travail. Ces paysages d'eau et de reflets sont devenus une obsession. C'est au-delà de mes forces de vieillard, et je veux cependant arriver à rendre ce que je ressens. »

Disparition de l'espace naturel

Obsession certes, puisque ce sont quelque trois cents compositions consacrées aux nymphéas qui verront le jour jusqu'à la mort de l'artiste. En 1903, ce dernier fait procéder à un agrandissement de son bassin, donc à une multiplication des nymphéas flottant à sa surface. Son regard se concentre sur ce seul motif, tous les éléments annexes disparaissent peu à peu ; privé d'horizon, de ciel, de rive, le bassin devient son propre espace, abolissant tout illusion naturaliste. Un univers inédit surgit alors, rompant tout lien physique avec un monde naturel dont il se contente de transfigurer le souvenir. Monet pose ainsi une question qui hantera tout le XXe siècle : qui du peintre et du modèle doit le plus à l'autre ? Pour parler plus simplement : la série des *Nymphéas* aurait-elle pu voir le jour sans le jardin de Giverny ?

LE COUP DE GÉNIE

De la troublante impression de vie palpitante dégagée par les visions aquatiques de Monet, nul n'a mieux rendu compte que le critique Gustave Geffroy, en 1922 : « Je puis donc dire que j'ai vu, en peinture, de l'eau vivante, mobile comme un visage de jeune femme heureuse, de l'eau dont les mystères me sont révélés, de l'eau que l'ombre habille et que le soleil dévêt, de l'eau où toutes les heures du jour s'inscrivent, comme l'âge sur un front humain. »

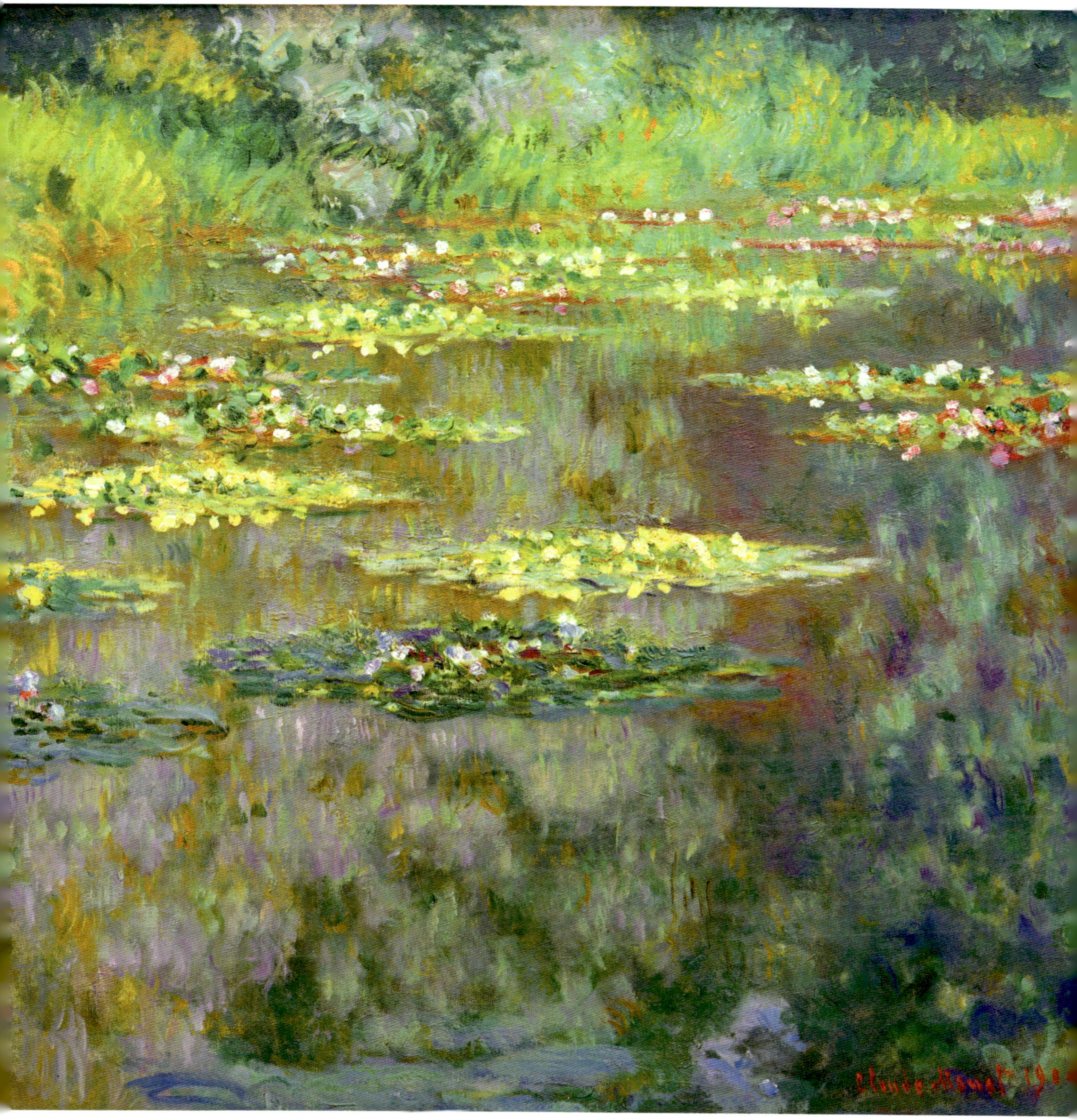

1904, huile sur toile, 90 x 92 cm, Musée des Beaux-Arts, Caen

Londres, le Parlement, trouée de soleil dans le brouillard,
Le versant romantique de l'impressionnisme

Familier de la capitale anglaise pour y avoir séjourné à quatre reprises (en 1870, 1887, 1888 et 1891), Monet n'avait cependant jamais trouvé l'occasion d'y travailler les effets particuliers de la lumière brumeuse. Y retournant trois années de suite, sur le tard (en 1899, 1900 et 1901), il prend pour sujets principaux trois sites monumentaux, le pont de Charing-Cross, le pont de Waterloo et le Parlement.

L'option moderniste

Le choix de ce dernier édifice n'a rien qui puisse surprendre à une époque où la mode médiévale fait rage, surtout en matière d'architecture décorative. À Londres, notamment, c'est le style du *Gothic Revival* qui a été choisi pour la construction du nouveau Parlement par Barry et Pugin, chantier qui les occupe de 1838 à 1868. Ainsi Claude Monet ne peint-il pas une vénérable bâtisse héritée d'un lointain passé, mais, bien au contraire, l'emblème d'une certaine modernité urbaine. Pour en restituer la silhouette brumeuse, le peintre s'est installé sur une terrasse de l'hôpital Saint-Thomas, situé sur la rive opposée de la Tamise et il a œuvré de préférence les jours de brouillard, usant du *fog* légendaire à la manière, très romantique, de nombre de littérateurs du temps, c'est-à-dire en dénaturant le contour des formes et en perturbant la sensation des distances.

Le Parlement, fragment du puzzle londonien

Plus encore que la cathédrale de Rouen, l'édifice apparaît ici comme un simple réflecteur d'ombres et de lumières indécises. Réduit à quelques surfaces privées de toute profondeur, déterminé par les plages lumineuses qui le cernent, le Parlement jaillit vers le ciel embrasé comme le fruit d'une hallucination. Sa dissolution entre les espaces vaporeux du fleuve et des nuées permet à l'artiste de donner à toutes les parties du tableau une importance égale, l'essentiel demeurant la lumière spectrale qui, en touches bleues, violettes et orangées, crée la fusion de la pierre, de l'eau et de l'air. Nombreux sont les commentateurs qui ont relevé les libertés prises par l'artiste avec la réalité physique du bâtiment, au rebours du scrupule qu'il avait manifesté face à la cathédrale de Rouen. L'explication en est probablement à découvrir dans le long travail d'achèvement à l'atelier, qui occupera Monet jusqu'en 1904, ce travail tendant moins à finir les toiles simplement esquissées à Londres qu'à conférer une unité organique à toutes les œuvres rapportées de la capitale anglaise. Ayant refusé à plusieurs reprises de livrer ces tableaux dans leur état primitif à Durand-Ruel, le peintre s'en explique lui-même dans un courrier à son marchand, le 2 mars 1904 : « Je suis loin de regretter de ne pas vous avoir livré quelques toiles, car la vue de la série complète aura une bien plus grande importance. »

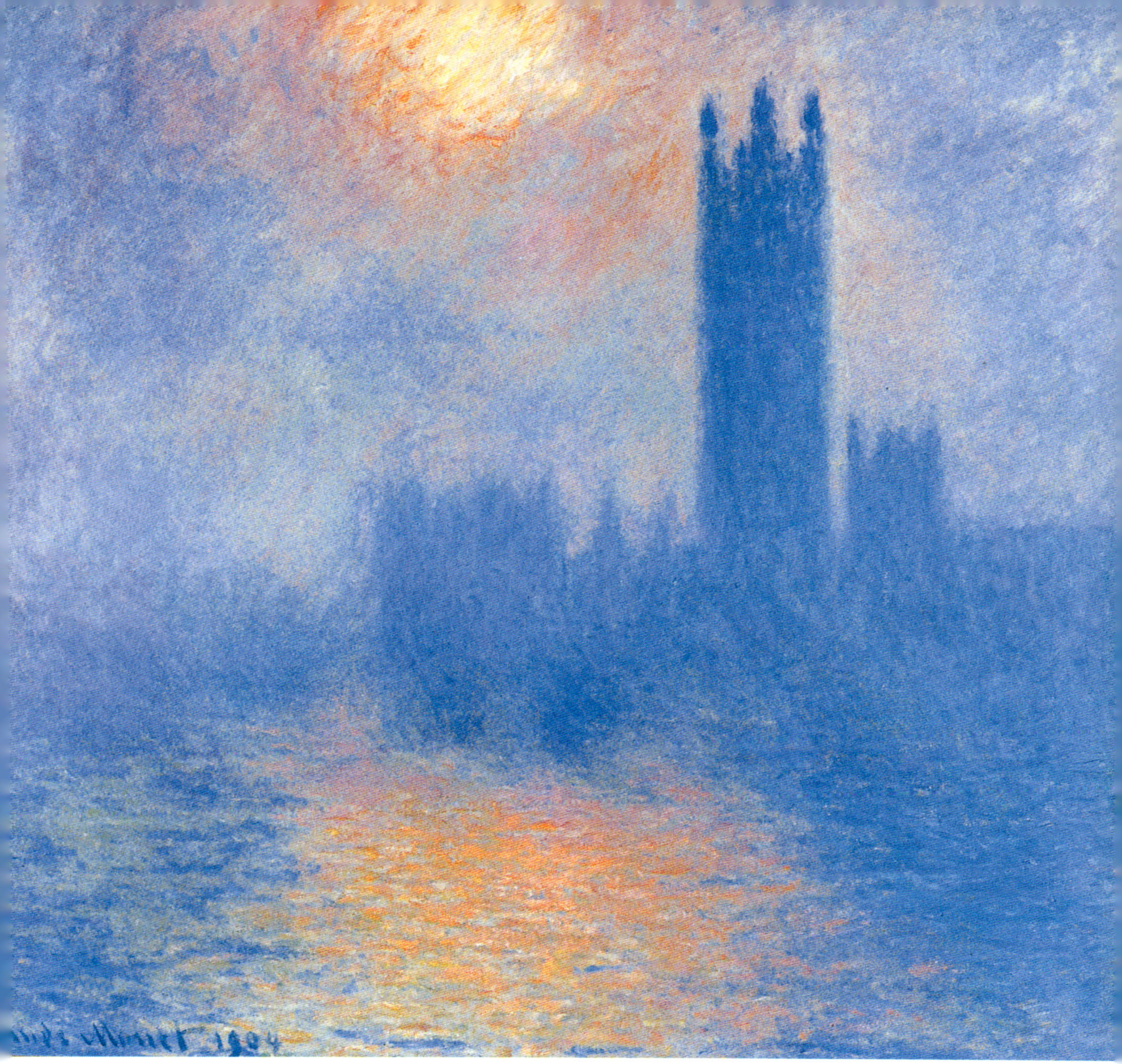

Le détail étonnant

L'embrasement de la Tamise reflétant l'astre du jour relève du tour de force, son éclat venant moins des teintes solaires qui le déterminent que du violent contraste qui les oppose à la masse sombre du grand édifice.

1904,
huile sur toile,
81 x 92 cm,
musée d'Orsay

Nymphéas,
Le monde selon l'œil

En trente années de recherches et d'expériences picturales menées face aux nymphéas de son jardin de Giverny, Claude Monet a souvent varié les formats et les dimensions de ses tableaux, modifiant ses constructions en fonction des hauteurs et largeurs relatives de ses toiles. Avec cette composition circulaire, il parvient à un équilibre exceptionnel entre motifs naturels et paramètres plastiques de l'œuvre.

L'apothéose du « paysage d'eau »

Nulle part ailleurs dans sa production, un tableau ne pourra mieux prétendre au label, qu'il affectionnait, de « paysage d'eau ». Ici, le support de la terre ferme n'existe plus, plus rien n'évoque les rives du bassin à la surface duquel, le temps d'un regard, se sont immobilisés les nymphéas. La disparition de toute limite décuple la puissance évocatrice d'une lumière blafarde, apparemment circonscrite au champ d'investigation de l'œil. Conséquence première du choix du cercle, il semble que le fragment représenté par l'artiste sur sa toile est vu à travers l'objectif d'une lunette d'approche.

La magie de la transparence

Une fois encore, il faut se tourner vers Marcel Proust pour trouver les mots capables de restituer, dans l'une des pages les plus inspirées de la *Recherche*, la magie de cet instantané : « Çà et là, à la surface, rougissait comme une fraise une fleur de nymphéa au cœur écarlate, blanc sur les bords. Plus loin, les fleurs plus nombreuses étaient plus pâles, moins lisses, plus grenues, plus plissées, et disposées par le hasard en enroulements si gracieux qu'on croyait voir flotter à la dérive, comme après l'effeuillement mélancolique d'une fête galante, des roses mousseuses en guirlandes dénouées. Ailleurs, un coin semblait réservé aux espèces communes qui montraient le blanc et le rose proprets de la julienne, lavés comme de la porcelaine avec un soin domestique, tandis qu'un peu plus loin, pressées les unes contre les autres en une véritable plate-bande flottante, on eût dit des pensées des jardins qui étaient venues poser comme des papillons leurs ailes bleuâtres et glacées sur l'obliquité transparente de ce parterre d'eau » (*Du côté de chez Swann*). Deux ans avant la mort de Monet, la ville de Saint-Étienne se portera acquéreur du tableau pour la somme de 30 000 francs.

LE COUP DE GÉNIE

Le format circulaire, l'un des plus redoutables à manier dans l'histoire de la peinture, sert admirablement le dessein d'abolition de l'espace. Au point que le tableau peut être, sans que l'œil en soit vraiment choqué, vu de droite à gauche ou de haut en bas. Pourtant, l'artiste ne persévérera pas dans cette voie après les réalisations de 1907 et 1908.

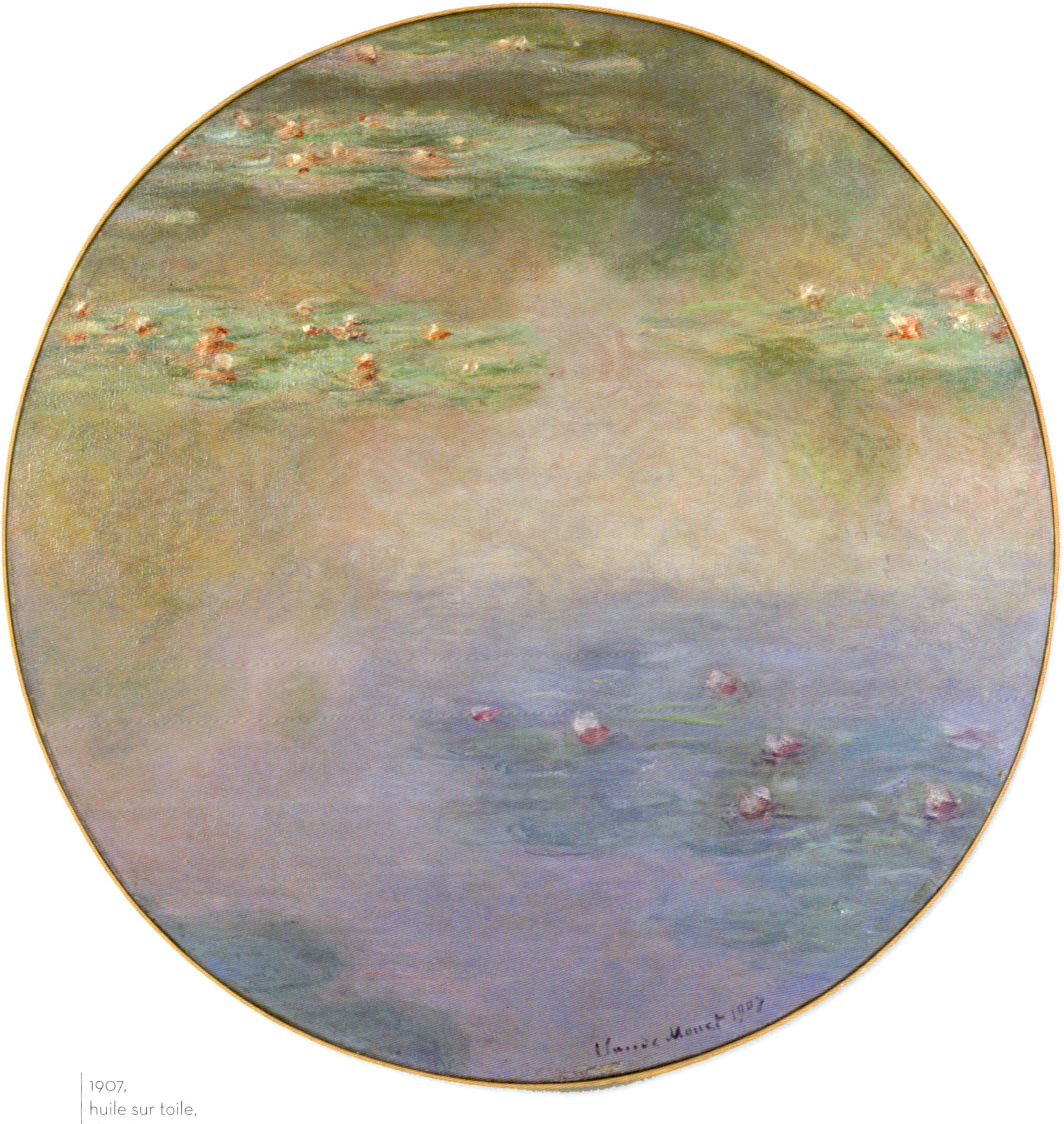

1907,
huile sur toile,
diamètre 80,7 cm,
Musée d'art et d'industrie,
Saint-Étienne

Saint-Georges Majeur au crépuscule,
« Dans Venise la rouge... »

À l'occasion de son bref séjour de l'automne 1908 (du 1er octobre au 7 décembre) dans la cité des Doges, Claude Monet s'exercera à restituer les palais vénitiens dans leur fusion avec l'atmosphère chatoyante de la lagune, regrettant d'avoir découvert trop tard ce merveilleux laboratoire visuel (« Quel malheur de n'être pas venu ici plus jeune ! Quand j'avais toutes les audaces ! »). Les trente-sept tableaux rapportés de son séjour éblouiront Matisse, Signac, bien d'autres, notamment par la dissolution des motifs et par l'embrasement lumineux du tableau-miroir, mirage qui s'efface aux heures fortuites de l'aube ou du crépuscule.

Une découverte tardive mais enthousiaste

Monet est déjà âgé de soixante-huit ans quand il découvre Venise, à l'invitation d'une amie anglaise, Mary Hunter. Cette dernière s'offre à le recevoir, avec Alice, au Palazzo Barbaro, qui donne directement sur le Grand Canal. La correspondance entretenue par Alice avec sa fille, Germaine, nous permet de connaître l'emploi du temps de l'artiste, dès son arrivée vénitienne. Les premiers jours sont consacrés à divers repérages. Puis, disposant de tout son matériel, il se met au travail. Peignant dès 8 heures du matin depuis le quai de Saint-Georges Majeur (face au palais des Doges), il traverse le Bacino San Marco à 10 heures pour réaliser ses esquisses depuis la Piazzetta (face à Saint-Georges Majeur). Revenu au Palazzo Barbaro pour y prendre son déjeuner, il y travaille tout l'après-midi, depuis sa fenêtre ou sur les marches. Le soir, enfin, dans les rougeoiements du crépuscule, les deux époux s'offrent la classique détente d'une promenade en gondole.

La métamorphose des souvenirs

« Bien que je sois enthousiasmé de Venise et que j'y aie commencé quelques toiles, je crains bien de ne pouvoir rapporter que des commencements qui seront uniquement des souvenirs pour moi » (lettre de Monet à Gaston Bernheim, le 25 octobre 1908). Une fois encore, la modestie de l'artiste, pourtant célèbre dans toute l'Europe, peut surprendre. Mais le plus important demeure cette information décisive qu'il ne fait que « commencer » les tableaux au gré de son séjour. C'est donc à l'atelier qu'il terminera la série des toiles vénitiennes. Il s'écoulera quatre années entre ce séjour heureux et l'exposition triomphale des vues de Venise, à la galerie parisienne Bernheim-Jeune, du 28 mai au 8 juin 1912. Quatre années marquées par la disparition d'Alice (le 19 mai 1911) et par des problèmes de santé récurrents, qui interdiront désormais tout voyage à l'artiste. Au regret d'avoir découvert si tard la grande cité de l'Adriatique, se greffera donc, dans le cœur du peintre, la douleur et l'amertume de ne pouvoir y retourner.

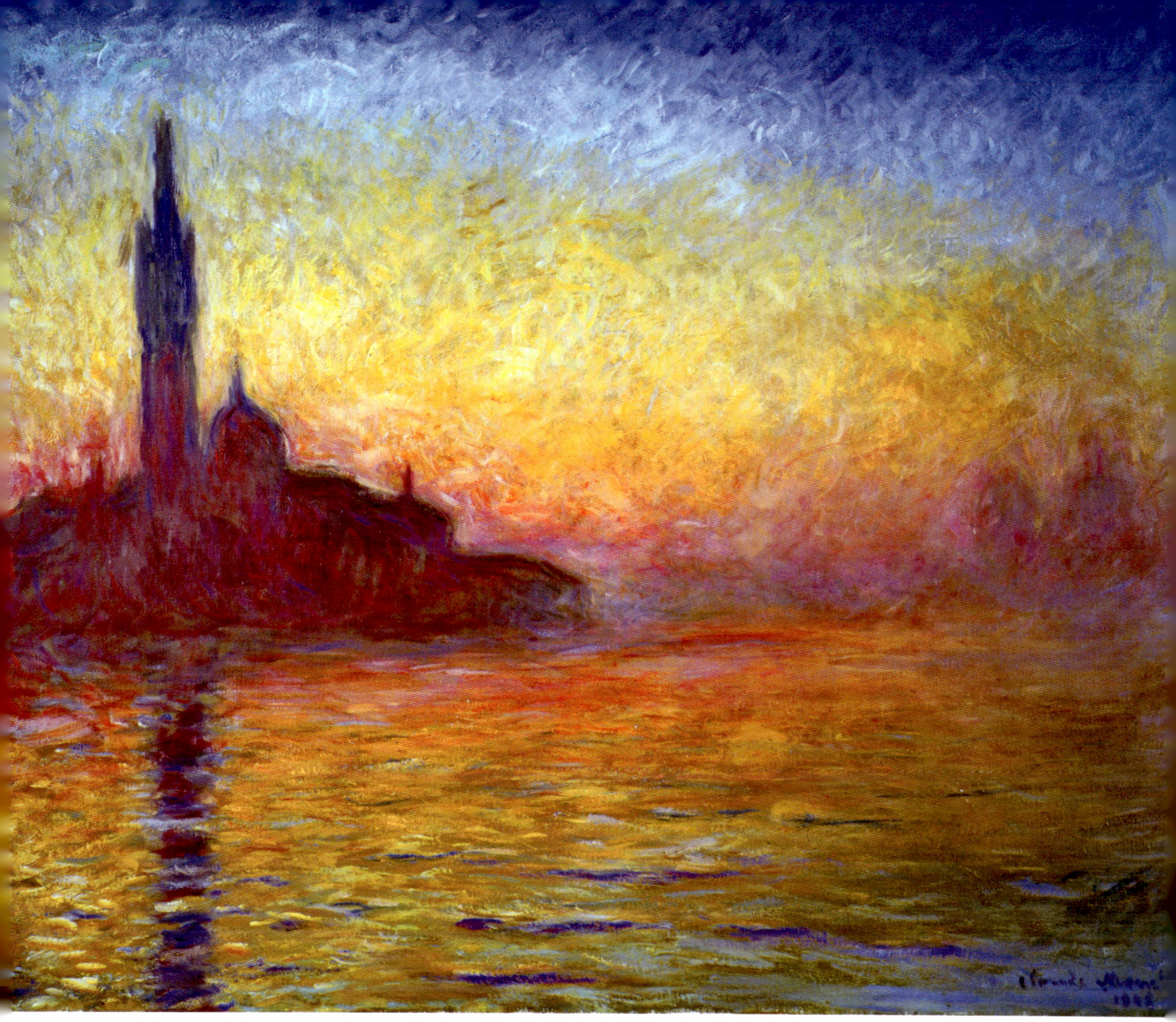

1908,
huile sur toile,
65 x 92 cm,
National Museum of Wales,
Cardiff

Le coup de génie

En décalant le massif de San Giorgio sur la gauche de sa composition, Monet ouvre un espace prodigieux vers la droite, prenant bien soin de ne pas arrêter le regard par un dessin trop précis des édifices de l'île de la Giudecca, à peine discernables dans le poudroiement enluminé du couchant.

Gondoles à Venise,
« ... pas un bateau qui bouge »

Deux semaines après leur arrivée, les époux Monet sont obligés de quitter le Palazzo Barbaro, leur hôtesse anglaise étant elle-même contrainte de laisser la cité des Doges. C'est donc au Grand Hôtel Britannia qu'ils s'installent, entendant bien profiter du temps magnifique qui permet à l'artiste de peindre sans trêve. À titre anecdotique, il est à observer que c'est aussi l'occasion pour Monet de découvrir l'éclairage électrique ; de retour dans sa maison de Giverny, il en réclamera l'installation immédiate.

En marge des nymphéas

Mais ce temps idyllique ne saurait durer tout l'automne. Bientôt, les pluies condamnent le peintre à une inaction partielle, qui ne laisse pas de profondément le décourager. Alice en est d'autant plus désolée qu'elle-même marque une certaine lassitude à l'endroit des nymphéas ; sa correspondance évoque à plusieurs reprises le bonheur de voir son mari découvrir d'autres sources d'inspiration. Saluées avec joie, de belles éclaircies autorisent de nouvelles séances de travail. Cependant, avec l'arrivée des premiers froids, il faut définitivement renoncer à prolonger le séjour. Le 3 décembre, Monet réalise une dernière esquisse, celle d'une gondole immobilisée au quai. Comme si, au moment de partir, il voulait donner raison à Théophile Gautier, qui voyait dans la gondole l'essence même du génie vénitien : « La gondole est une production naturelle de Venise, un être animé ayant sa vie spéciale et locale, une espèce de poisson qui ne peut subsister que dans l'eau d'un canal. Sans gondole, Venise n'est pas possible » (Italia, 1852). Quatre jours après l'esquisse rapide de l'élégante embarcation, au terme d'un séjour de deux mois qui est le dernier de l'artiste hors de son pays, c'est donc le retour en France.

La gondole, signe ultime

Après la mort d'Alice en 1911, Monet confiera à Gaston Bernheim le soin de présenter dans sa galerie vingt-neuf tableaux complétés à l'atelier. Mais c'est à l'état d'esquisse qu'il désire conserver la petite toile de la gondole des derniers jours, une esquisse qu'il offre à son ami Georges Clemenceau. Il est touchant d'observer qu'à Venise, le peintre a sacrifié à tous les usages touristiques, reproduisant les plus illustres monuments et s'en délassant le soir par de paresseuses promenades en gondole. Aussi n'est-il pas surprenant qu'il ait voulu, dans cette œuvre, rester fidèle à l'ultime impression de son beau séjour ultramontain.

LE COUP DE GÉNIE

Le contraste est saisissant, dans cette composition, entre les lignes verticales des poteaux auxquels sont amarrées les embarcations et les larges courbes de ces dernières. D'autant plus que l'effet en est poursuivi, bien que troublé, dans les reflets qui dansent à la surface de la lagune.

1908, huile sur toile, 81 x 55 cm, Musée des Beaux-Arts, Nantes

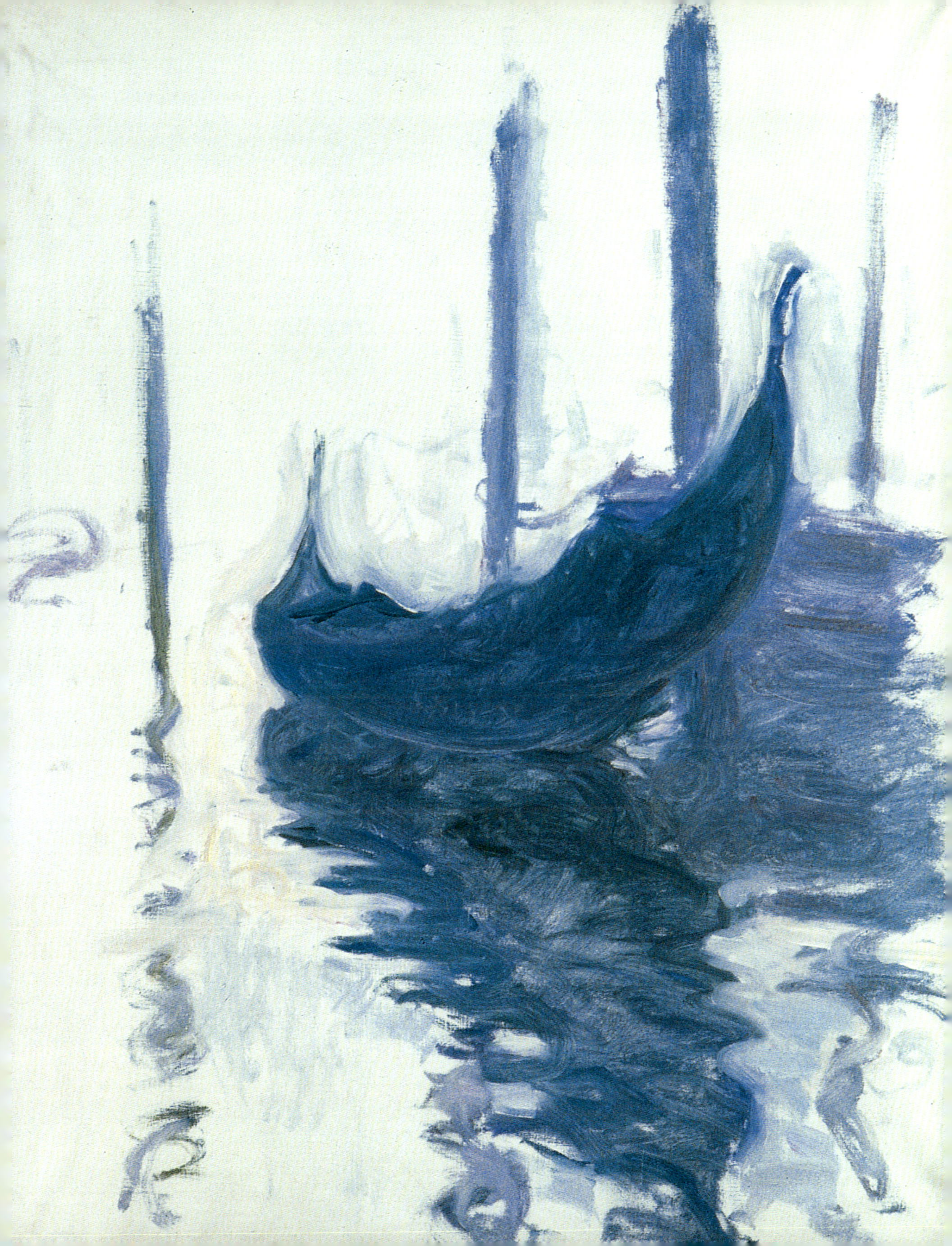

Nymphéas,
Le reflet et la profondeur

Dans les dernières versions des nymphéas, l'influence des estampes japonaises se fait plus discrète, mais peut-être plus profonde. Peut-être du fait que le peintre a décoré son propre intérieur avec de magnifiques spécimens de cet art d'Extrême-Orient, ou encore parce qu'il a donné, de façon plus ou moins consciente, un caractère japonisant aux compositions florales de son bassin.

Une démarche sans précédent

À regarder les dernières grandes toiles consacrées par Monet aux nymphéas, une question hante l'esprit du spectateur : face au monde, le peintre impressionniste doit-il restituer ce qu'il en perçoit ou ce qu'il en ressent ? Pour éviter de tomber dans le piège de l'éloquence, ne doit-il pas renoncer à toute tentation descriptive ou naturaliste ? Devant ses bassins de nymphéas, Claude Monet reçoit un certain nombre d'impressions colorées et radieuses ; c'est au prix d'une longue patience qu'il tente d'en offrir l'équivalence visuelle, sans s'illusionner sur sa capacité à inscrire dans sa peinture tout ce que son œil perçoit. Pourtant la nécessité du modèle demeure. Les nymphéas sont aux antipodes de tout effort imitatif, et cependant les toiles n'existeraient pas sans les jardins. Il est même remarquable que le peintre ait choisi de réaliser son idéal dans son jardin avant de le transfigurer sur ses toiles, en concevant tous les détails de ses paysages d'eau, en supervisant de très près le travail des jardiniers, quand il n'intervient pas directement lui-même dans le choix des plants et celui de leur répartition !

L'impressionnisme au miroir de la pensée

Pour le maître de Giverny, il n'est jamais question de domestiquer l'univers avec ses pinceaux et ses couleurs, non plus que de donner une âme aux objets. En revanche, il veut faire du monde dans lequel les hommes pourront recevoir la plus haute des leçons, celle de la connaissance de soi-même. Selon Georges Clemenceau, Claude Monet en aurait eu une claire conscience et lui en aurait fait part au cours d'une de leurs nombreuses conversations : « Je n'ai fait que regarder ce que m'a montré l'univers, pour en rendre témoignage par mon pinceau. N'est-ce donc rien ? Votre faute est de vouloir réduire le monde à votre mesure, tandis que, croissant votre connaissance des choses, accrue se trouvera votre connaissance de vous-mêmes. » En cela aussi, la peinture impressionniste, plus intuitive que la science ou la philosophie de son temps, annonce quelques-unes des préoccupations majeures de la pensée contemporaine. C'est avec lyrisme et pénétration qu'au soir de sa vie, le philosophe poète Gaston Bachelard en prendra bien volontiers acte : « On ne rêve pas près de l'eau sans formuler une dialectique du reflet et de la profondeur. »

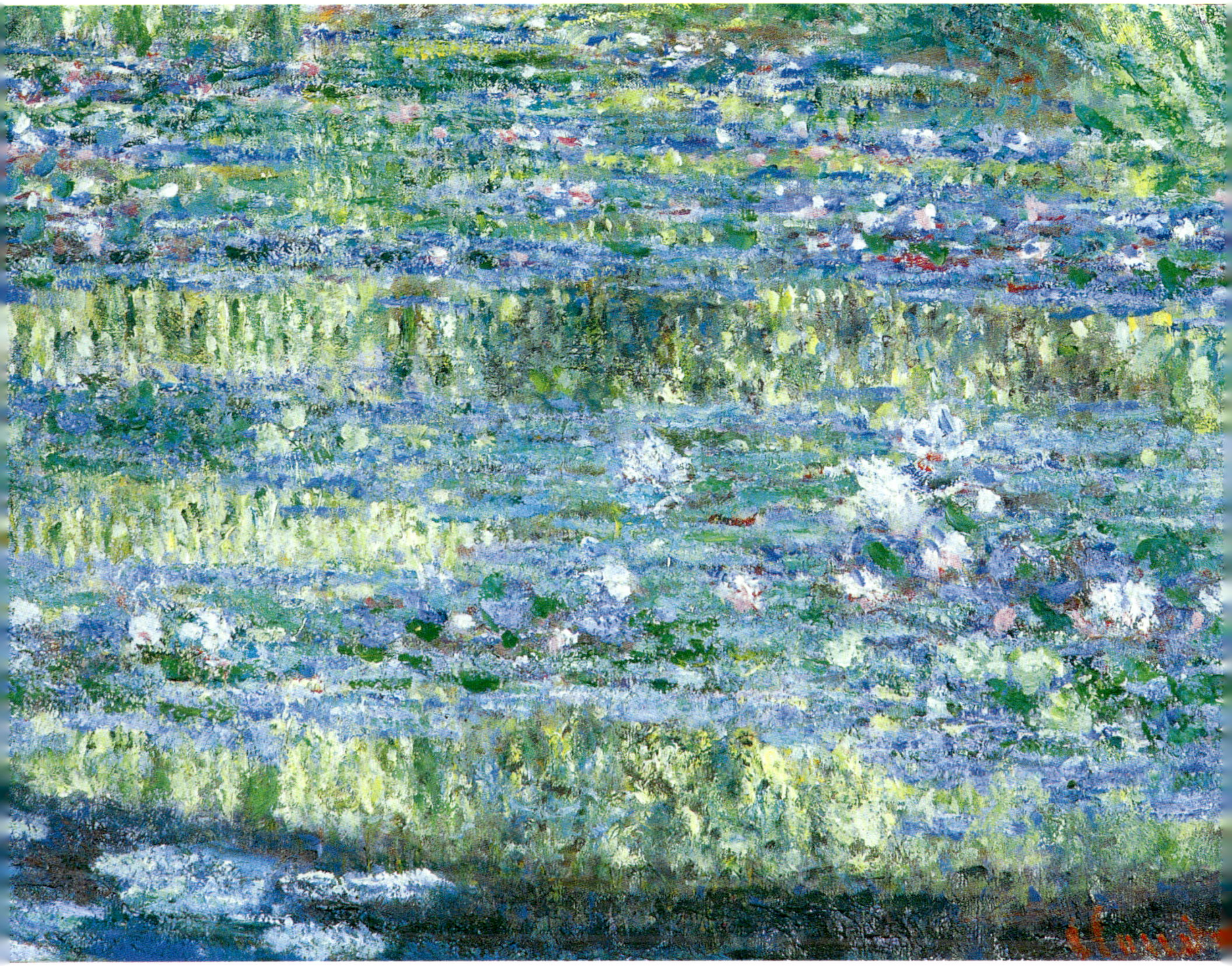

1916-1919,
huile sur toile,
150 x 197 cm,
musée Marmottan

Le coup de génie

La démarche de l'artiste n'a pas de précédent dans l'histoire ; les peintres classiques « fabriquaient » leurs paysages, les romantiques les rêvaient. Monet les invente, les conçoit, les crée dans son jardin, ensuite seulement les peint. D'où sa totale liberté face au choix du motif à reproduire, sans souci de sujétion à la nature.

Matin,
De l'ombre à l'aube

Dans les deux vastes salles elliptiques du musée de l'Orangerie, se déploie un stupéfiant paysage d'eau, tout de reflets et d'éclats lumineux, un paysage floral associant les nymphéas aux saules, les nuages aux clapotis, « l'illusion d'un tout sans fin » pour user des mots de l'artiste. Véritable table des matières d'une longue et féconde existence, les Nymphéas de l'Orangerie frappent d'obsolescence tout ce qui les a précédés, tout en ouvrant sur un avenir les condamnant à sombrer, à leur tour, dans le passé.

La possibilité d'un archipel

Au lendemain de l'armistice de 1918, marquant la fin de la plus atroce tragédie traversée par l'Europe, le vieil artiste entend bien fêter à sa façon le retour de la paix, tout en rendant hommage aux millions de victimes impuissantes du conflit. Son choix porte sur huit toiles monumentales qu'il offre à la France, à la condition qu'elles soient installées, telles les huit îles d'un archipel irisé, sur les murs des deux grands espaces ovales du musée de l'Orangerie. L'essentiel est que le spectateur soit amené à percevoir la totalité d'un univers au sein duquel il lui est recommandé d'évoluer, en se déplaçant devant les grandes toiles avec son corps. Pour mieux s'en pénétrer et mieux comprendre l'effort d'un peintre qui, plusieurs décennies avant l'Action Painting de l'École de New York, a réalisé dans la solitude de l'atelier ces grandes toiles dont la violence de la touche et la crudité du matériau disent assez le caractère conflictuel.

La marque du temps, quotidien ou historique

Le temps est puissamment sollicité dans cette entreprise. Un temps qui est celui des heures de la journée aussi bien que des saisons de l'année. Au matin, le soleil apparaît à l'est ; au terme de sa longue traversée de l'azur, il disparaît dans les rougeurs de l'occident, non sans avoir provoqué une cascade ininterrompue de mutations dans l'apparence du monde qu'il éclaire et réchauffe. Dans les immenses toiles de l'Orangerie, il n'est plus d'autre socle à l'efflorescence des couleurs et des lumières que la surface réfléchissante de l'eau. Matin en constitue un excellent exemple, avec son cadrage ambigu, l'inégale répartition de ses motifs floraux, son caractère enfin de frise ornementale qui, contre les confidences du tableau de chevalet, retrouve la grandeur de ces fresques médiévales qui donnaient de l'homme une plus haute idée. Nous reviennent alors, au moment de le quitter, ces ultimes confidences du grand artiste au journaliste François Thiébault-Sisson : « J'ai peint beaucoup de ces nymphéas, en modifiant chaque fois mon point de vue, en renouvelant le motif suivant les saisons de l'année, et par suite, suivant les différences d'effet lumineux qu'engendrent ces changements. [...] L'essentiel du motif est le miroir d'eau dont l'aspect, à tout instant, se modifie grâce aux pans de ciel qui s'y reflètent, et qui répandent la vie et le mouvement. »

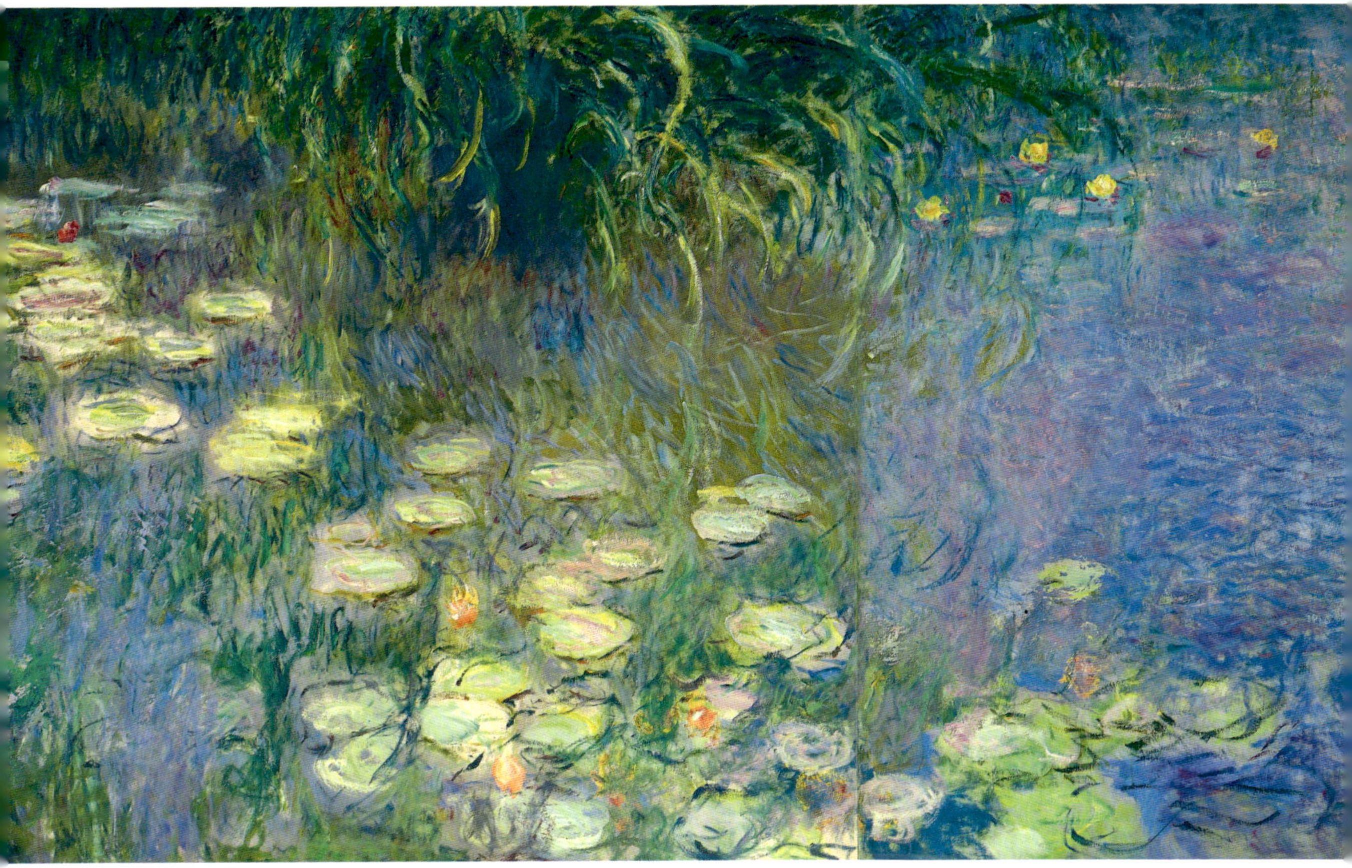

3e panneau 1918,
huile sur toile,
200 x 425 cm,
musée de l'Orangerie

Le coup de génie

De tous les caractères précurseurs de l'art de Monet, le principe de répétition l'emporte haut la main. Un principe qui, fondé sur l'infinie variété des formes naturelles, cherche ce qui doit en assurer l'unité. Ainsi naît, sous les brosses du peintre, une théorie prônant tout à la fois la pullulation des motifs naturels et l'épuisement de leurs facultés décoratives ; annonçant l'art environnemental du second XXe siècle, les compositions terminales offrent au spectateur le sentiment d'être plongés dans un univers paradoxalement chaotique et unitaire. Vivant en un mot.

Académisme
Au XIXe siècle, désigne la règle classique contre toute réforme artistique.

Aplat
Surface de couleur uniforme, appliquée de façon égale et régulière. Mais à l'honneur par Gauguin dans ses toiles exotiques, l'aplat sera fréquemment utilisé au XXe siècle pour lutter contre les effets de volume et de profondeur

Barbizon (École de)
Réunion, dans le village de Barbizon, de peintres paysagistes (Rousseau, Dupré, Daubigny, Troyon, Diaz de la Peña) qui, parrainés par Millet et Corot, annoncent l'impressionnisme.

Brosse
Pinceau caractérisé par sa largeur et la longueur égale de ses poils.

Cerne
Trait accentué qui dessine le contour d'un motif.

Chevalet
Meuble mobile servant de support au tableau en cours de réalisation.

Cimaise
Corniche à laquelle sont accrochés les tableaux dans les galeries, les salons et les musées.

Clair-obscur
Technique consistant à créer une atmosphère par opposition des ombres et des lumières.

Cloisonnisme
Procédé stylistique consistant à isoler les motifs par un cerne épais. Dès 1888, Bernard et Anquetin en sont les précurseurs, suivis par Gauguin.

Complémentaires (couleurs)
À partir des trois couleurs primaires (bleu, jaune, rouge), on obtient, par mélange à parts égales, trois couleurs secondaires : le violet obtenu par le mélange bleu-rouge, le vert par le mélange bleu-jaune, l'orange par le mélange jaune-rouge. Par couleurs complémentaires, on entend les couleurs opposées sur le cercle chromatique, par exemple le violet contre le jaune, le vert contre le rouge, l'orange contre le bleu.

Divisionnisme
Technique consistant à juxtaposer de petites taches de couleur pure qui reconstituent dans l'œil du spectateur une teinte particulière.

Empâtement
Application épaisse de la matière, donnant au tableau un relief sur lequel joue la lumière.

Fauvisme
Mouvement qui, sous l'impulsion de Matisse, sollicite la violence expressive des couleurs. Le terme est inventé par le critique Louis Vauxcelles au Salon d'Automne de 1905.

Fragmentation
Procédé qui s'applique à la touche et à la couleur. Dans les deux cas, il consiste à user de petites touches de couleurs différentes pour donner un effet de vibration lumineuse à l'œuvre.

Hachures
Traits parallèles ou croisés, chargés de varier le principe des ombres.

Japonisme
Courant né à l'Exposition universelle de 1867 et adopté par les décorateurs (estampes, vases, porcelaine, papier peint). Les impressionnistes s'en inspirent pour la composition de leurs tableaux.

Modelé
Procédé classique consistant à créer l'illusion du volume en dégradant les couleurs de l'ombre à la lumière. Les impressionnistes le remplacent par la juxtaposition de touches de couleurs suggérant une profondeur plus optique que réelle.

Motif
Sujet de l'œuvre ; pour les impressionnistes, « peindre sur le motif » signifie presque toujours peindre en plein air.

Naturalisme
Courant pictural dérivé du mouvement littéraire initié par Zola et offrant une description minutieuse de la réalité.

Néo-impressionnisme
Le terme ne désigne ni un mouvement ni une doctrine, mais l'époque qui suit, après 1886, la grande décennie de l'impressionnisme.

Palette
Planchette que l'artiste tient en main et sur laquelle il mélange ses couleurs ; par extension, le total des couleurs dont il use pour un tableau.

Pointillisme
Procédé technique qui consiste à juxtaposer sur la toile de petits points de couleur pure.

Rehaut
Retouche de blanc ou de couleur chargé de mettre en valeur un motif du tableau.

Salon
Exposition annuelle organisée pour la première fois en 1667. Au XIXe siècle, il devient la tribune de l'art officiel. En 1863, Manet, Courbet, Jongkind, Pissarro, Whistler y sont refusés. La conséquence en est l'ouverture du Salon des Refusés, soutenu par Napoléon III. En 1881, Jules Ferry crée la Société des artistes indépendants ; son échec provoque, en 1884, la création du Salon de la Société des artistes indépendants (Seurat, Signac, Pissarro, Cross).

Tachisme
Courant qui se présentera, au milieu du XXe siècle, comme l'héritier de l'impressionnisme tardif (*Nymphéas* de Monet). D'un geste spontané, la surface de l'œuvre est couverte de taches colorées, abstraites mais expressives.

Touche
Geste par lequel le peintre applique la couleur, mais aussi façon particulière de l'appliquer. La touche est la trace du pinceau ; elle permet d'identifier l'auteur d'un tableau non signé, surtout au temps de l'impressionnisme.

Crédits iconographiques

7 Ph. Nadar/ Coll. Archives Larousse
8 Ph. Léon et Lévy/ Roger-Viollet
11 Ph. H. Josse © Archives Larbor
12 © Archives Larbor
15 Ph. Erich Lessing . Akg-images
16 Ph. Coll. Archives Larbor
19 © Archives Larbor
20 © CAP / Roger-Viollet
23 Ph. Patrice Schmidt/ © Muisée d'Orsay, Dist. RMN-GP
24 © RMN-GP / Droits réservés
27 Ph. Albert Harlingue/ Roger-Viollet
28 Adoc-photos
30 et 31 Ph. Catherine Bibollet / Akg-images
35 ©Hervé Lewandowski/ RMN
37 ©The Métropolitan Museum of Art, Dist. RMN/ image of the MMA
39 ©Musée d'Orsay, Dist. RMN/Patrice Schmidt
41 ©Hervé Lewandowski/ RMN
43 © Archives Larbor
45 Ph. Hubert Josse © Archives Larbor
47 © Archives Larbor
49 ©Erich Lessing / AKG-Images
51 © Archives Larbor
53 Ph. Hubert Josse © Archives Larbor
55 © Archives Larbor
57 Ph. Hubert Josse © Archives Larbor
59 © Archives Larbor
61 ©Aisa/Leemage
63 ©Photo Josse / Leemage
65 © Archives Larbor
67 © Archives Larbor
69 ©Hervé Lewandowski/ RMN
71 © Archives Larbor
73 ©Hervé Lewandowski/ RMN
75 © Archives Larbor
77 ©Photo Josse / Leemage
79 Ph. Coll. Archives Larousse
81 © Archives Larbor
83 © Archives Larbor
85 © Archives Larbor
87 © Archives Larbor
89 ©AKG-Images
91 © Archives Larbor
93 ©Barney Burstein/Corbis
95 © Archives Larbor
97 ©AKG-Images
99 ©Photo Josse / Leemage
101 Ph. Hubert Josse © Archives Larbor
103 Ph. Hubert Josse © Archives Larbor
105 © Archives Larbor
107 ©Laurent Lecat/ AKG-Images
109 © Archives Larbor
111 ©AKG-Images
113 © Archives Larbor
115 Yves Bresson /Musée d'Art Moderne de Saint-Etienne Métropole
117 ©André Held/ AKG-Images
119 © Archives Larbor
121 ©Erich Lessing / AKG-Images
123 Ph. H. Josse © Archives Larbor

Imprimé en Espagne par Industria Grafica Cayfosa (Barcelone)
Dépôt légal : mai 2012
309101-01/11018258-avril 2012